운의 심리학

돈, 사람, 성공을
부르는
부자들의 비밀

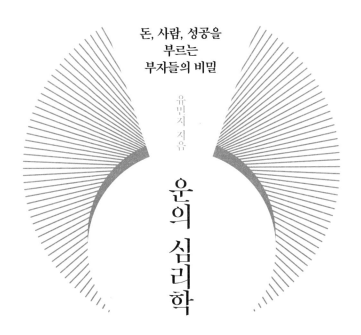

유민지 지음

운의 심리학

쌤앤
파커스

운을 거스르는 부자는 없다

한 표 차이로 누군가는 승자가 되고 누군가는 패자가 되는 세계. 방송계라는 미지의 영역에도 이처럼 강력한 운의 세계가 작용하고 있다. 대한민국을 뜨겁게 달군 화제의 트로트 오디션 프로그램도 크게 다르지 않았다. 장터와 행사장을 떠돌며 노래를 불러왔던 참가자들이 차세대 트로트 스타를 꿈꾸며 떨리는 마음으로 자신의 무대를 기다렸다. 꿈과 생업의 괴리 그 어딘가에서 노래를 포기하지 않겠다는 절박한 심경으로 오른 시험대였다. 한편으로는 치열한 인생 패자부활전의 선전포고이기도 했다.

'이번엔 저 사람이구나!'

본선 후보자들을 보는 시선이 매의 눈빛으로 반짝거렸다. 결과가 좋으면 좋은 대로, 나쁘면 나쁜 대로. 어떻게든 자신의 운을 만들어 살아낼 방법을 찾는 힘을 갖춘 사람. 우승 트로피를 거머쥘 인물로 나는 일찌감치 '그'를 점찍어놓았다.

방송계에 입문한 후부터 유달리 감이 좋은 프로듀서로 통했던 나는 갓 데뷔한 아이돌만 봐도 척하고 촉이 왔다. 그래서 될 성싶은 신인들을 미리 알아보고 섭외한 적도 많았다. 왜 그랬는지는 모른다. 촬영 감독님부터 동료 작가들이 입을 모아 이야기했다. "보는 눈 하나는 알아줘야 해", "미래라도 보는 거 아니야?" 사실 보자마자 전해지는 동물적인 감각에 가까웠다.

알고 있었다. 이것은 어렸을 때부터 익히 들어왔던 이야기, 운을 읽는 우리 집안의 오랜 내력이라는 것을.

＊

옛날에는 '일관日官', '지관地官'으로 불리는 어르신들이 있었다. 일관은 사람들에게 좋은 날, 즉 길일을 잡아주었고 지관은 터나 묏자리 등 땅을 살펴주었다. 꼭 그런 분들이 아니더라도 점술가들은 예로부터 한 마을의 정신적 지주 역할을 했다. 실제로 이들은 엄청난 힘을 지니고 있었다. 베들레헴의 별을 보고 찾아 나선 동방 박사들도 당대의 존경받는 점성술사이자 천문학자들이었고, 별자리로 천기를 읽어내 나라의 앞날을 예측하는 사람들도 바로 이들이었다. 따라서 오랜 수련과 학문을 닦은 사람들만이 오를 수 있는 자리였다.

이렇듯 보이지 않는 '운'을 살피는 일은 인류 역사상 가장 오래된 직업이다. 사실 말로 설명하기는 어려운 분야라서 논리나 근거를 대기는 힘들다. 하지만 하루에도 수십억씩 몸값이 치솟았다 떨어지는 방송계에서 운의 존재를 확신했고, 이곳을 떠나 운을 읽는 세계에 진입하며 다시금 알게 된 사실들이 있다. 바로 '운'과 '돈'은 '고기'와 '물'의 관계처럼 떼려야 뗄 수 없는 관계라는 것이다. 운을 귀하게 여기는 사람치고 부자가 아닌 사람은 없다. 반대로 운을 천하게 여기는 사람치고 가난하지 않은 사람이 없다. 아주 소수를 제외하고는 대부분이 그랬다.

그래서 일단 나는 운은 믿으라고 이야기한다. 어차피 믿지 않는 사람한테는 필요가 없다. 운이란 일반 사람들 눈에는 전혀 보이지 않기 때문에, 비이성적인 것을 이해하는 힘은 비이성적인 믿음뿐. 그러니 운을 좋게 만들거나 극대화해 활용하고 싶다면 먼저 운이 있다는 것을 믿어야 한다.

아니, 믿지 않아도 좋다. 운을 신경 쓰는 데서 시작하면 된다. 그래야 운이 좋아지는 방향으로 의지를 발휘해 오래도록 우리 곁에 머무르게 할 수 있다. 그리고 결국 그런 사람들이 운을 키워 큰 부자가 된다. 운도 '부익부 빈익빈'이다. 자신을 잘 알고 귀하게 다룰 줄 아는 사람을 찾아오지, 함부로 대하거나 홀대하면 저 멀리 떠나가버린다.

이제 나는 자신의 운도 어느 정도 짐작할 수 있다. 하늘에서 내려주는 동아줄이 없다는 것을 깨닫는 순간 운을 알기 전보다 현실적이고 이성적인 사람으로 변모한 것이다. 그리고 지금은 다양한 인간사를 통해 깨달은 경험과 본질을 날카롭게 꿰뚫는 영안으로 돈을 끌어당기는 부와 운명의 비밀을 전하고 있다.

이 자리를 빌어 조심스럽게 당부드린다. 운을 대하는 태도와 심리를 바꾸는 것만으로도 얼마든지 부자가 될 수 있다는 놀라운 사실을 알려줄 차례기 때문이다. 세상에 운을 거스르는 부자는 없다. 그런 점에서 이 책은 부의 정점에 서 있는 대한민국 초호화 셀럽과 0.1% 부자들, 그리고 그 속에서 땀 흘려 건져 올린 우리가 몰랐던 진짜 '돈'에 관한 이야기가 될 것이다.

차례

6장 감정의 심리 운명의 수레바퀴에 휘말리지 않으려면

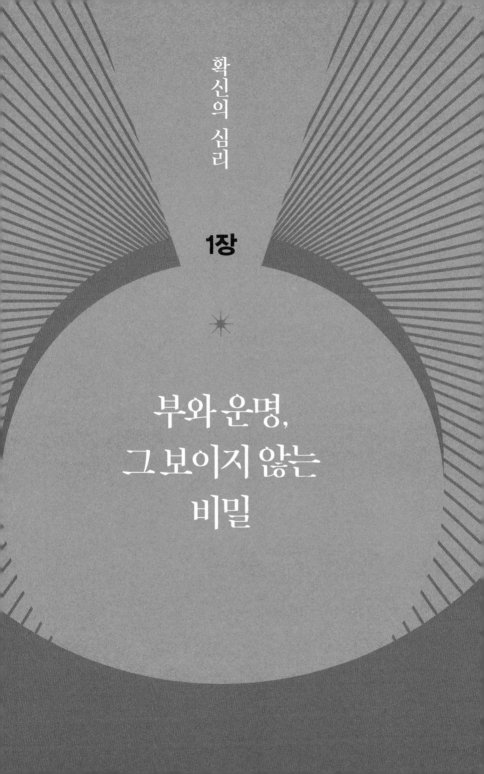

확신의 심리

1장

✳

부와 운명,
그 보이지 않는
비밀

행운이
통하는 세계

"이번에 출연료가 회당 1억이래, 1억."

"글쎄, 누가 이렇게 뜰 줄 알았어?"

"그러게. 운이 엄청 좋나 봐."

내가 다니던 방송국 드라마의 주인공 역을 꿰찬 톱 연예인의 소식이었다. '카더라'가 아니었다. 적어도 이 세계에서만큼은 충분히 가능한 시나리오였다. 복도 여기저기서 출연자에 관한 뜬소문이 구름처럼 공간을 메우고 있었다.

따박따박 월급을 받는 직장인으로서는 감히 상상도 할 수 없는 액수였다. 회당 1억이라니. 무대 준비를 하느라 며칠째 집에도 못 들어가고 있는 나 같은 막내 프로듀서에게는 꿈과도 같은 속삭임으로 들렸다.

매일같이 마주하는 일상이었다. 스타들의 분주하고 호화스러운 삶과 그걸 만들어내느라 고군분투하는 조력자들의 삶은 하늘과 땅처럼 극명하게 차이가 났다. 도저히 공존할 수 없을 듯한 사람들이 뒤섞여 있는 곳이 바로 이곳 방송국이니까.

처음에는 그러려니 했다. 내가 사는 세계와는 다른 세계라고, 현재의 나에게만 집중하자고. 하지만 사소한 그날의 대화가 눌려 있던 나의 무의식을 기어이 깨우고야 말았다.

＊

스물일곱 살에 처음 방송국에 들어갔다. 입사와 동시에 첫 프로그램 연출을 맡았다. 10년 이상의 경력을 가진 대선배들과 동등하게 프로그램을 연출한다는 것은 커다란 행운이었다. 게다가 아무 경험이 없는 신입 프로듀서에게 연예인, 매니저, 스타일리스트, 카메라 감독, 방송 작가, 그 외 수십 명의 스태프들을 통솔한다는 것은 어마어마한 책임감을 요구하는 일이었다. 가족들은 물론, 지인들까지 치열한 경쟁을 뚫고 프로듀서가 된 나를 부러워했다.

하지만 모든 일에는 언제나 명암이 존재하는 법이었다. 몇 날며칠 집에 들어가지 못하는 강행군은 일상다반사였고, 주말까지 반납해야 하는 쳇바퀴 같은 생활이 반복되었다. 나의 모든 시간이 방송에 맞춰져 있다는 점에서 프로듀서의 숙명도 연예인과 별반 차이가 없었다.

물론 처음에는 모든 것이 새롭고 신기했다. 배워야 할 것도 많았고 프로듀서로 입봉한다는 기쁨에 취해 있기도 했다. 의욕과 에너지가 마구 솟아나 뭐든 잘해낼 수 있을 것 같았다. 실제로 나름대로 잘했고 좋은 성과도 많이 냈다. 하지만 1년 여쯤 지나자 무언가 새로운 갈증과 답답함이 생겨나기 시작했다. 대체 왜? 분명 뜨거운 조명 아래 땀 흘려 일하는 시간은 비슷한데, 왜 결정적인 데서 항상 차이가 나는 것일까?

그것은 '돈'이었다. 똑같은 무대에서 똑같은 고생을 하고 있는데 연예인과 조력자가 가져가는 돈은 수십, 많게는 수백 배 차이가 난다. 물론 유치한 투정으로 볼 수도 있다. 어차피 방송국은 직장이고 프로듀서도 직장인 아닌가. 그러면 사업을 하지 왜 직장에 들어갔느냐고 되물을 수도 있다. 하지만 시대가 달라져서 같은 직장인이라도 연봉이나 인센티브에 차이가 나고, 똑같은 100만 원을 투자해도 누구는 마이너스 누구는 1억으로 돈을 불린다. 도대체 왜 이런 차이가 생기는 걸까?

방송국 생활을 하다 보니 눈앞에서 부와 운명이 요동치는 것을 자주 목격했다. 그 탓일까. 강남 노른자 땅을 매입해 건물주가 되었다는 아이돌 A나, 한강이 보이는 고급 주상복합아파트를 샀다는 배우 B의 소식을 접할 때면 궁금하지 않을 수 없었다. 다들 내 또래이거나 혹은 나보다 어렸기 때문이었다.

'도대체 A는 언제 저렇게 돈을 벌었지?', 'B는 최근에 활동도 안 했는데 어떻게 부자가 됐을까?', '저 정도 돈이면 평생 일하지 않고 놀아도 남겠지?'.

나는 그들의 말, 태도, 습관, 생활 패턴을 유심히 지켜보았다. 관찰하다 보면 근본적으로 무엇이 다른지, 무엇이 그들에게 부를 가져다주었는지 캐치할 수 있을 것 같았다. 혹시 그들은 우리가 모르는 어떤 고급 정보를 가지고 거액을 버는 것이 아닐까? 일반인이 모르는 어떤 묘수 혹은 재테크 방법이 있지 않을까? 매사에 실용성과 합리성을 추구하는 나의 뇌가 풀가동하는 순간이었다.

결론부터 말하자면 어디서도 답을 찾을 수 없었다. 그는 그였고 나는 나였다. 내가 잠을 못 자는 만큼 그들도 잠을 자지 못했고, 내가 전념하는 만큼 그들도 전념하고 있었다. 아니, 오히려 일하고 남는 여유시간을 나보다 더 잘 유용하고 있었다.

회당 1억을 받는 연예인도, 박봉으로 일하는 프로듀서도 그저 하루하루 열심히 살며 자기 일을 치열하게 하는 사람들일 뿐이었다. 표면적인 분석에 그쳤기 때문일 수도 있으나 부자냐 아니냐를 가를 만한 현격한 차이점을 찾지 못했던 것이다. 그리고 그런 생각이 든 순간, 불현듯 복도에서 들려왔던 대화가 머릿속에 다시 메아리쳤다.

'운이 엄청 좋나 봐….'

*

그래, 운! 그것은 운이었다! 확신할 수 있었다. 똑같이 열과 성을 다하는데도 더 많은 부를 축적하는 이유. 억대를 호가하는 회당 출연료로 마침내 수십억짜리 집을 사게 된 놀라운 실체.

적어도 거액의 판돈이 오가는 자본주의사회에서만큼은 운이란 것이 노력이나 실력보다 더 강하게 작용하는 게 틀림없었다.

사실 방송국이라는 곳은 운을 믿지 않거나 둔감한 사람조차도 운의 존재를 생각해보게끔 하는 곳이다. 인생이 하루아침에 대박 나거나 쪽박 차는 현장을 바로 눈앞에서 생생하게 볼 수 있는 곳이 방송국이기 때문이다. 같은 시기 데뷔한 두 아이돌의 성공을 극명하게 가르고, 단 한 번의 출연으로 스타를 만드는 그 무엇. '운'이 아니고서는 달리 설명할 길이 없었다.

방송국 1층에서 아침이고 저녁이고 매일 기웃거리며 일거리를 찾아다니던 개그맨이 한순간에 몸값이 10배로 뛰어올라 서로 모셔가겠다고 싸움 나는 곳, 섭외 0순위로 억만금을 줘도 캐스팅을 못 하던 가수가 어느 날 갑자기 예상치 못한 사건에 연루돼 모두의 외면을 받는 곳. 인생의 냉탕과 온탕, 모 아니면 도, 극과 극을 체험할 수 있는 곳이 바로 이곳이었다.

이렇다 보니 운을 믿지 않는 사람도 '내게도 운이 오지 않을까?' 하는 기대를 절로 할 수밖에 없다. 게다가 내가 담당했던 방송은 트로트 오디션 프로그램으로, 하루아침에 인생이 역전되는 순간을 생생하게 직접 볼 수 있었다.

한 주 한 주 방송이 나갈 때마다 처음에는 별로 인기가 없던 인물이 급부상해서 수천 명의 팬클럽이 결성되었다. 반대로 승리를 차지할 것만 같았던 출연자는 작은 실수로 탈락의 고배를 마시고 대중들의 관심으로부터 멀어졌다. 노래 실력이 뛰어나도 그 주에 다른 참가자의 퍼포먼스가 화제가 되었다면 점수는 한순간에 뒤집히고, 우승 후보였던 사람이 방송 분량이 적다는 이유로 인기 투표에서 밀려나 탈락하기도 했다. 엎치락뒤치락 하루하루가 전쟁 같은 경연이었다. 그런데 한 치 앞도 예상할 수 없는 흐름을 보면서 문득 이런 생각이 들었다.

과연 떨어진 사람이 진짜 실력이 부족해서 떨어졌을까? 반대로 결승전에 올라간 사람이 떨어진 후보들보다 더 많은 노력을 했다고 얘기할 수 있을까? 떨어진 사람 중에도 분명 더 좋은 실력으로 더 많은 노력을 한 사람이 있을 터였다. 실력이 있다고 되는 것도 아니고, 운만 있다고 되는 것도 아니었다. 실제로 그러했다.

'인생은 정말 타이밍이구나. 아무리 실력을 갖추고 있어도 나의 재능과 가치를 알아보는 시대를 잘 만나야 하는구나!'

＊

오디션 프로그램을 만들면서 나는 인간의 운에 대해 점점 더 깊이 빠져들었다. 그러자 오히려 마음이 한결 편안해졌다. 눈에 훤히 보이는 어떤 물리적 제약보다 눈에 보이지 않는 운의 세계가 더 가깝게 느껴진 것이다. 무의식을 어지럽히던 자욱한 안개가 한 꺼풀 걷히는 느낌이었다.

그리고 그 순간, 왜 나는 큰돈을 벌지 못했을까만 곱씹던 머릿속에 전혀 다른 생각들이 공간을 내주기 시작했다. 스스로 운에 대해 너무 몰라서는 아닐까, 운이라는 것도 사람을 가리진 않을까. 순간적으로 어떤 확신이 뇌리를 스쳤다.

경제적 자유를 선언한 부자들만의 비밀이 궁금해지지 않을 수 없었다. 누군가에겐 당연하지만 누군가에겐 간절한 운일 수도 있다. 또 누구에게나 있지만 누구에게는 없는 운일 수도 있다.

알고 싶었다. 무엇이 좋은 운을 끌어당기고 커다랗게 돈을 불리는지, 또 무엇이 부자로 살아가는 운명을 빚는 가장 빠른 방법인지. 하지만 그런 다급함도 잠시, 판도라의 상자는 예상치 못한 곳에서 쉽게 열리고 말았다.

"너는 운을
크게 불릴 아이야"

"너는 운을 크게 불릴 아이야."

세상의 모든 사물과 현상을 비추듯이 유리알 같은 두 눈이 반짝거렸다. 갓 태어난 아기를 포대기에 안은 채 나지막이 읊조리던 집안 어르신의 의중을 그때는 누구도 헤아리지 못했다.

할머니는 소위 남다른 혜안의 소유자셨다. 사주와 관상에 능한 할머니의 영안을 오래전부터 익히 알고 있던 마을 사람들은 집안에 소사가 있을 때면 언제나 약속이나 한 것처럼 찾아와 조언을 구했다. 그리고 무심하게 툭 던진 할머니의 한마디가 예언처럼 현실과 궤를 같이할 때면 고마움을 표하며 다시 자신들의 일상에 힘껏 빠져들었다.

시대가 시대인지라 드러내지 못했던 것에 불과했다. 어느 누구

하나 제대로 정의 내리지 않았지만 할머니의 존재는 마을을 지키는 수백 년은 더 된 나무와도 같았다.

할머니는 특히 인간의 길흉화복에 관심이 많았다. 무엇이 인생에 행운과 불운을 가져다주며, 무엇이 환난과 복록을 가져다주는지. 또 어떠한 삶이 풍요와 안녕을 불러오는지.

그럼에도 불구하고 어머니는 할머니가 남들보다 촉이 좋으시다 정도로만 생각했을 뿐이었다. 마을에서 장구 소리가 들리면 왜 버선발로 바삐 뛰어나가셨는지, 마을 사람들에게 어떤 이야기를 들려주셨는지 크게 흥미가 없었다. 심지어 자고 난 다음 날 가까운 앞일을 에둘러 걱정하실 때도 할머니가 이젠 오래 사셔서 사람 눈빛만 봐도 맞춘다며 모든 것을 이성적으로 생각하려고 했다.

하지만 내가 태어나면서부터 흐름은 새로운 국면을 맞이하게 된다. 한 살 한 살 먹을수록 어린 손녀는 자신의 운명이 궁금해졌다. 그런 어린 손녀에게 할머니는 타이르듯이 차분하게 이야기했다.

"못써. 세상을 너무 일찍 알아도 안 돼. 모든 일에는 순리라는 게 있고 때라는 게 있는 법이거든. 하지만 이것만은 말해주마. 너는 운을 크게 불리는 아이가 될 거야."

잠자코 듣고 있던 손녀는 순진무구한 눈을 반복해 끔벅일 뿐이었다.

피는 못 속인다고 했던가. 나는 어릴 때부터 끼가 남다른 아이였다. 중학생이 되던 해에 할머니가 돌아가셨다. 그런데 신기하게도 그 후로 예지몽을 꾸기 시작하고, 그럴듯한 낌새나 분위기를 금세 알아차렸다. 하고 싶은 것도 유달리 많았지만 알고 싶은 것도 참으로 많았다.

그뿐 아니었다. 특히 세상을 굴리는 현실적인 문제들에 큰 관심을 보였다. 또래 친구들이 훗날 무슨 일을 하고 있을지, 어떤 사람과 결혼하게 될지 이런 뻔한 질문을 던지고 있을 때, 나는 지금의 상황과는 전혀 상반된 질문을 스스로에게 던지고 있었던 것이다.

"너는 커서 뭐가 되고 싶어?"

"나는 부자. 돈을 많이 벌 거야."

"왜?"

"그냥. 부자가 되고 싶어."

"그러려면 어떻게 해야 하는데?"

"글쎄. 잘은 모르지만 성공해야겠지? 할머니가 그러셨거든. 나는 운을 크게 불릴 아이라고."

성공해서 큰돈을 쥐고 싶었다. 그리고 그런 섣부른 호기심이 나를 덜컥 세상 밖으로 몰았다. 그렇게 의류사업부터 시작해 카폐 창업까지 대학생 시절에도 월 수백만 원의 고정 수익을 올리며 저축을 할 수 있었다. 대학 동기들이 취업을 위해 공부와 스펙에 몰두하는 당시, 오로지 어떻게 돈을 굴릴지만 궁리를 했던 것이다. 하지만 그 정도로 만족할 내가 아니었다.

·

그렇게 정확히 13년이 걸렸다. 북한산 기슭에 자리한 시가 60억짜리 평창동 대저택의 안주인이 되기까지.

사람들은 묻는다. 어떻게 그 어렵다던 방송국 프로듀서가 되었고, 사업을 크게 일으켜 거액의 돈을 벌었는지. 그리고 어떻게 이런 으리으리한 저택에 살게 되었는지. 그럴 때마다 나는 머뭇거림 없이 엷은 미소로 답할 뿐이다.

"그냥 운이 좋았어요."

수능 만점자가 교과서 위주로 공부했다는 이야기처럼, 성공한 사람들은 대부분 이렇게 이야기한다. 운이 좋았다고. 운을 믿지 않는 사람이라면 그냥 '그런가 보다' 하고 무심히 넘길 것이다. 하지만 평소 운에 신경을 쓰고 확신하는 사람은 저 사람은 대체 뭘 했길래 운이 좋았는지가 궁금할 것이다. 똑같이 100의 노력을 쏟았는데, 나는 50만 원, 친구는 200만 원을 받는다면, 이것은 운이 작용하고 있다는 완벽한 신호이자 사인이 아닌가?

운은 바람처럼 통하고 물길처럼 흐른다. 어쨌든 일반 사람들 눈에는 보이지 않기 때문에 비이성적인 것을 이해하는 힘은 비이성적인 믿음밖에 없다. 그러니 운을 좋게 만들고 싶다면 혹은 자신의 운을 극대화해 활용하고 싶다면, 먼저 운이 있다는 것을 믿어야 한다. 아니, 믿지 않아도 좋다. 운을 신경 쓰는 데서부터 시작하면 된다. 그래야 운이 좋아지는 방향으로 자신의 의지를 발휘해 태도부터 행동, 습관, 인간관계까지 점검하고 바꿔나갈 수 있다. 결국 그런 사람들이 운을 키워 부자가 되는 비밀을 자신의 것으로 만든다.

오늘도 변함없이 새 아침이 열리고 있었다. 오색 찬란한 태양빛이 평창동 저택을 에워싸면 산자락을 타고 내려온 오랜 역사 같은 계곡물에 시선을 맡긴다.

알 수 있었다. 할머니의 말씀이 현실이 되어가고 있음을. 나는 여전히 멈추지 않고 운을 불리는 중이었다.

인생의
섬화현상

A가 존재한다면 결론으로 B가 등장해야 했다. 100을 두 번 더하면 200이 나와야 직성이 풀렸다. 현실적이고 이성적인 사람이었던 나는 어릴 적부터 유난히 이재에 밝았다. 사람들이 무엇을 좋아하고 무엇에 반응하는지가 훤히 보였다. 방송을 할 때도, 사업을 할 때도 그런 '촉'을 마케팅에 십분 발휘했다. 사람들의 마음을 파고드는 전략은 백발백중 성공이었다.

그 남다른 배경 뒤에는 집안 내력으로 물려받은 타고난 '직관'이 작동하고 있었다. 이 날카로운 감은 프로듀서가 된 이후에 차별화된 실력으로 이어졌다. 감이 좋다는 말, 촉이 뛰어나다는 말이 대체 무슨 의미인지 궁금해졌다.

보이는 세계와 보이지 않는 세계, 어느 쪽이 중요할까? 어느 쪽이 세상을 혹은 여러분 자신을 움직이는 데 더 크게 영향을 미칠까? 아니, 질문이 잘못되었다. 여러분은 어느 쪽을 더 믿고 의지하는가?

무대에서 춤추고 노래하는 가수들의 끼, 좌중을 압도하는 피아니스트의 절대음감, 화면을 뚫고 나오는 배우들의 카리스마, 세상에 없던 이론을 떠올리는 물리학자의 천재성…. 이런 것이 어디 눈에 보이는가? 관중들의 열광, 이성을 압도하는 감정의 파도도 눈에 보이지는 않지만 모든 감각으로 느낄 수 있다. '촉'이나 '감'의 세계도 비슷하다. 한껏 열려 있는 이 모든 감각이 나와 맥을 함께하고 있었다.

하는 일마다 실패를 몰랐다. 공모전, 카페사업, 출판사도 크게 성공시켰고, 그 성공이 다시 프로듀서로서의 성공을 불러왔다. 만드는 것마다 히트작이 나왔고, 활동 영역이 무한대로 늘어났다. '신기'에 가까운 성취에 주위 사람들은 물론 나 자신도 놀랐다. 하지만 그런 기쁨과 흥분은 잠시였다.

항상 잘 풀리려는 순간에 마치 손바닥 뒤집듯이 극적으로 일이 엎어졌다. 정확히 말하면 내가 스스로 뒤엎었다. 단순히 인내나 끈기가 부족했다는 말로 설명하기 힘든 복잡미묘한 결정들로 인해서 말이다.

SBS에 재직할 때도 그랬다. 조금만 버티면 더 좋은 조건으로 다른 방송국으로 이직할 수 있었다. 지금은 유튜브나 모바일 콘텐츠가 대중화되어 있지만 당시만 해도 각광받는 신사업의 선두 주자로 앞날이 창창했다. 최연소 프로듀서라는 타이틀도 있으니 타사에 스카우드될 확률도 높았다. 그럼에도 나는 딱 2년을 채우고 미련 없이 그만두었다.

그사이 새롭게 사업을 시작했다. 혼자 출판사를 차리고 틈틈이 낸 책들이 베스트셀러와 스테디셀러가 된 것이다. 평범한 출판사들이 시도하지 않는 공격적인 마케팅과 파격적인 영업으로 단시간에 입지를 단단하게 굳히며 수입을 벌어들였다.

하지만 성공의 기쁨을 맛본 것도 잠시, 나는 또 다른 곳으로 눈을 돌렸다. TV조선 고위 간부로부터 러브콜을 받고 다시 프로듀서가 된 것이다.

새롭게 주어진 높은 직책에도 멈출 줄을 몰랐다. 아이디어를 내는 것마다 구체화하고 현실화시키며 성공을 거듭했지만 언제나 마지막 순간이 오면 공허해진 마음을 감출 수 없었다.

*

그날따라 이상했다. 누구보다 이성적이고 합리적인 내가 봐도 스스로를 이해할 수 없었다. 뭐에 씌인 것일지도 몰랐다. 손대는 분야마다 대박이 터지고 있음에도 마음이 편치 않았던 것이다. 기뻐야 하는데 기쁘지가 않았다. 아주 결정적인 순간마다 심적으로 무언가가 어그러지는 느낌이었다.

번아웃이 온 것은 아닐까? 한 만큼 인센티브를 받지 못해서? 아니었다. 하지만 수풀 속에 길을 잃어버린 것처럼 무언가 잘못되어가고 있음을 직감했다. 프로그램이 잘되면 잘될수록 그런 마음이 강해졌다. 그리고 얼마 가지 않아 직감은 확신으로 바뀌었다.

"본부장님, 저 그만두겠습니다."

"잘하다가 왜? 대체 이유가 뭔데?"

무엇이 문제인 걸까? 왜 남들은 간절하게 얻고 싶어 하는 자리를 항상 박차고 나올까? 타인이나 외부 상황에 의한 것도 아닌데 왜 결정적인 순간에 스스로 판을 엎어버리는 지 알 수 없었다. 퇴사나 입사 같은 중요한 문제 외에도 하나하나 열거할 수 없는 일이 많이 있었다. 크고 작은 일에서 스스로 판을 엎었다. 잘되고 있던 판을, 조금만 더 하면 누구나 부러워할 큰 성취를 얻을 수 있는 판을 말이다.

첫 직장이었던 SBS를 그만둔다고 했을 때 주위에 있던 모든 사람이 말렸다. 부모님조차 잠깐의 변덕으로 치부하며 참아보라고만 하셨다. 교수님이나 멘토들 역시 나의 뜬금없는 퇴사를 극구

반대했다.

하지만 미련 없이 사직서를 던졌다. 프로듀서로 일하는 동안 내 20대의 젊음, 열정, 노력은 물론 영혼까지 송두리째 갈아 넣었기에 후회는 없었다. 그때는 정말 뭐에 홀린 듯이 무작정 방송국을 뛰쳐나왔다. 아무것도 들리지 않고, 아무것도 보이지 않았다. 머리는 아니라고 외치면서도 가슴이 확신하고 있었다. 집에서는 한바탕 난리가 났다.

그런데 이런 우리 집에는 모두가 쉬쉬하며 누구도 수면 위로 올리지 않는 비밀이 있었다. 바로 예지몽을 잘 꾼다는 사실이었다. 아빠도, 오빠도, 그리고 나도. 모든 원인은 바로 친할머니한테 있었다.

할머니는 동네 사람들의 가까운 운을 꿈으로 봐준다든가, 곪아 터진 것처럼 혼잣말을 줄줄 늘어놓을 때가 있었다. 그때 어릴 적 들었던 할머니의 말씀을 떠올렸다. 아니, 정확하게는 그 말씀이 자꾸 떠올랐다. "너는 운을 크게 불릴 아이야."

운을 크게 불린다는 말이 무슨 뜻일까? 어쩌면 나는 내 운이든 남의 운이든 운을 크게 불리는 일을 하고 싶었던 게 아닐까? 진짜 하고 싶었던 일은 바로 그런 일이 아니었을까?

할머니의 기운을 그대로 물려받다니. 하지만 세상의 모든 활자란 활자를 조합한다 해도 이 인과관계를 설명하기란 불가능했다.

확실한 것은 세상에는 불가사의한 일, 설명할 수 없는 일이 언제든 일어날 수 있고, 그때 할머니가 말씀하셨던 '보이지 않는 세계'가 내게 펼쳐졌다는 사실이다.

선후배를 비롯한 동료들은 전도유망한 프로듀서의 퇴사를 안타까워했다. 아직은 눈에 보이는 모습이 중요한 사회를 살아가고 있어서였다. 나조차 비슷한 생각들로 우울감에 휩싸였던 적이 있었다. 하지만 한편으로는 마음이 편안해졌다. 그리고 이렇게 생각했다.

'드디어 내가 가진 잠재력을 쓸 때가 왔구나!'

사실 크게 달라진 것은 없다. 하나 달라진 것이 있다면 운을 읽게 되었다는 것? 돈으로부터 자유로워졌다는 것? 오히려 나는 열심히 성취하고 달리던 때보다 더 행복해졌다. 또 불행이라고 믿었던 순간조차 행복을 위한 준비였음을 깨달았다.

한때 수많은 스타를 화면에 담는 일을 했다면, 이제는 사람의 운명을 담아내는 일을 하고 있다. 사람들은 여러 가지 고민과 사연을 들고 오지만, 그중에서도 가장 크고 깊은 고민은 역시 돈이다. 돈이 없는 사람도 돈이 많은 사람도 불안한 것은 마찬가지다. 오로지 부자가 되는 것이 꿈이라는 사람도 있다. 또 재산을 몽땅 탕진하고도 희망의 끈을 놓지 않는 사람들이 있다. 부자가 되는 운명은 어떻게 타고나는 걸까? 타고난 운이 없어도 부자가 될 수 있을까? 돈 때문에 불행하다고 생각하는 사람들은 늘 그런 것을 내게 물어왔다.

　　　　　　　　　　　　　・

　누구에게나 한 번쯤 인생이 바뀌는 시점이 온다. 역학에서는 대운이 오기 전 기운이 바뀌는 시기를 가리켜 '교운기'라고 부른다. 말 그대로 '기존의 운'과 '새로운 운'이 교체되는 시기인데 삶이 과거를 뒤로하고 앞으로 나아갈 때는 예기치 못한 변화가 들이닥친다. 사람들은 이러한 혼란을 곧잘 불행으로 오인한다.

　"코로나로 가게 매출이 점점 떨어지고 있어요. 이대로 망하지는 않을까요?"

　예를 들어 이런 고민을 갖고 오는 사람들에게 전혀 다른 세계로 진입한 나의 경험을 이야기해준다.

　"지금 운이 섬화하고 있는 거예요. 인생이 바뀌는 시점에 놓인 거죠. 돈도 마찬가지예요. 불안해할 필요 없어요. 당장 돈이 없다고 해서 영원히 없진 않아요. 이런 혼란이나 변화가 불행이 아님을 깨닫는 순간, 분명 상황은 달라져 있을 겁니다."

　일본 오사카의 한 카레 가게 이야기다. 그 가게는 코로나19 때문에 장기간 단축 영업을 하게 되었다. 어쩔 수 없이 수백 인분의 쌀밥을 폐기해야 하는 상황에 놓였다. 가게 주인은 이미 지어 놓은 밥을 모조리 버릴 위기에 처하자 보통의 사람들처럼 좌절했다. 모든 상황을 자신에게 닥친 불행으로 여긴 것이다.

하지만 가게 주인은 이내 생각을 바꾸고 남은 찬밥들을 활용할 수 있는 방법을 찾기 시작했다. 폐기될 빵으로 맥주를 제조한 싱가포르의 한 기업을 수소문했고, 문을 두드린 끝에 기술을 전수받아 찬밥 업사이클링에 성공했다. 각고의 노력 끝에 만들어진 크래프트 맥주의 탄생이었다.

버려질 식재료의 형태를 과감히 바꿔 재기에 성공한 카레 가게 주인의 이야기는 매스컴을 통해 대대적으로 알려졌다. 세계적인 식량 위기 속에 버려지는 쌀을 어떻게든 줄이고자 했던 그는, 평범한 카레 가게 주인에서 크래프트 맥주 창업자로 대변신했다. 그가 자신에게 불행이 닥쳤다고 느꼈던 순간은, 다름 아닌 좋은 운으로 바뀌는 시점이었던 것이다.

⁂

사람들은 패턴화된 삶이 급격히 바뀌면 가장 먼저 불안을 느낀다. 수중에 있던 행복과 재산이 달아나버리지 않을까 전전긍긍하며 말이다. 하지만 항상 똑같은 속도로 흐르는 바다는 지구상 어디에도 존재하지 않는다. 출렁일 때가 있으면 잠잠할 때도 있고,

물이 빠질 때가 있으면 넘쳐흐를 때도 있다. 사람의 인생도 크게 다르지 않다. 이것을 아는 사람들은 운이 바뀌는 시점이 와도 불안해하지 않는다. 오히려 어떻게 하면 더 좋은 운을 끌어올 수 있을지를 고민한다.

고기를 낚는 어민들 사이에는 '섬화'라는 말이 있다. 사전에도 등재되지 않은 낯선 용어다. 거센 태풍이 조류에 영향을 주면 바다가 뒤집히는 현상을 가리키는데, 바람이 걷히고 나면 언제 그랬냐는 듯이 흙탕물이 맑아져 대어가 든다.

그러니 지금 어떤 쓰라린 조짐을 맞았다 할지라도, 결코 인생 전체가 불행의 구렁텅이에 빠졌다고 낙심할 필요가 없다. 어쩌면 지금 당신의 운은 좋은 쪽으로 흘러가기 위해 섬화현상을 맞은 것일지도 모르기 때문이다.

맹신과 절제

2013년. 이름 모를 고시를 준비하던 평범한 수험생이 있었다. 자신감이 흘러넘쳤다. 어려서부터 실패라는 단어를 몰랐고, 일단 하면 된다는 주의였기 때문이다. 그렇게 첫 번째 시험에 마음먹고 도전했다. 하지만 학생은 보기 좋게 1차 서류에서 고배를 마셨다.

"괜찮아. 운이 안 좋았어."

자그마치 고시인데 어디 첫술에 배부르랴. 그렇게 첫 번째 탈락을 핑계 삼아 두 번째 시험을 준비했다. 한동안 쉬지 않고 공부에 열을 올렸다.

다시 두 번째 시험에 응시했다. 어쩐지 운이 잘 풀리는 것만 같았다. 서류전형에도 단번에 합격했고 타사의 시험도 동시에 진행

되고 있었기 때문이다. 하지만 기쁨도 잠시였다. 2차 필기시험도 또다시 탈락.

"올해 운이 나빴던 거야."

그렇게 두 번, 세 번. 그다음 해도 운이 따라주지 않았다. 모든 것이 자신을 위해 따라주지 않는 망할 운 때문이었다.

하지만 몇 번의 좌절을 거치며 뒤늦게 깨달을 수 있었다. 자신이 시험을 준비하는 몇 년 동안 내내 운에 끌려다니고 있었음을. 학생은 반복적으로 시험에 떨어질 때마다 "운이 영 안 좋네", "올해 재수가 없었어"라는 식으로 스스로를 위로하기 바빴다. 그렇게 노력을 기울이기는커녕 적당한 합격 타이밍만 노리고 있었다.

2년 만에 시험에서 손을 털었다. 운이 아니라 실력으로 승부하겠다는 생각이었다. 면접관도 사람이다. 그들의 기분이나 컨디션에 따라 기준과 결과가 달라진다. 절대적 기준이 아닌 상황에 자신을 하나하나 맞추기란 불가능한 일이었다.

이제 할 수 있는 것은 오직 보여주는 일뿐. 어떻게 하면 진짜 실력을 보여줄 수 있을지를 고민했다. 결국 공채시험이 아닌 다른 쪽으로 눈을 돌렸다. 전국에서 열리는 공모전이란 공모전에 모두 뛰어들었다. 국가 공모전부터 시작해 기업, 공익단체 영상

공모전까지. 수험생은 무려 32개 공모전에 수상하며 신문 이곳 저곳에 이름을 올렸다.

그러자 얼마 지나지 않아 기적이 벌어졌다. 학교를 통해 꿈에 그리던 곳에서 연락이 온 것이다. 전국 공모전을 휩쓴 특이한 이력을 가진 학생이 있다는 소문에 특별 채용을 하고 싶다는 반가운 소식이었다. 그렇게 수험생은 2016년에 당당하게 SBS 최연소 프로듀서로 방송국에 입사했다.

당시 함께 시험을 준비하던 친구들이 입을 모아 이야기했다.

"야, 너 운 진짜 좋다!"

하지만 그 수험생은 운이 좋았던 것이 아니다. 바로 내 이야기라서 내가 잘 안다. 그저 스스로 운을 좋게 만들었을 뿐이었다. 만약 줄줄이 언론고시에 낙방하며 고배를 마시던 날, 또다시 운이 나빴다며 시간을 허비했다면 어땠을까. 여전히 인생의 모든 실패를 자신의 불운으로 돌리며 허송세월하고 있지는 않을까.

이제는 자신 있게 말할 수 있다. 운은 반드시 존재하지만, 맹신해서는 안 된다고. 운은 다루는 것이지, 기대는 것이 아니다. 운에 대한 주도권을 놓치는 순간 영영 인생의 주인이 되지 못한다. 따라서 매일같이 스치는 소소한 운부터 어쩌다 다가오는 커다란 운까지. 열심히 밀고 당기며 내 것으로 그러모아야 한다.

그림 속의 부자와
그림 밖의 부자

물려받은 수조 원대 재산을 아까워하던 부자가 하늘을 보며 이렇게 기도했다.

"신이시여, 제가 죽으면 저의 전 재산을 가지고 갈 수 있게 해주소서."

끊임없는 기도에 신이 감동해 허락했다.

"그럼 네 재산을 모두 황금으로 바꿔오너라."

부자는 모든 재산을 황금으로 바꾸고 죽었다. 이윽고 무거운 황금을 짊어지고 낑낑거리며 천국에 도착했다. 그런데 문 앞에 선 심판관이 부자의 황금을 보고 말했다.

"아니, 무슨 황금을 이렇게 많이 가져왔소?"

"네, 그게 무슨 말씀이세요?"

살짝 벌려진 문틈으로 보이는 천국의 모습은 놀라웠다. 기둥과 바닥, 벽면까지 온통 황금으로 이루어져 있던 것이다. 부자는 그제야 깨닫고 무릎을 쳤다. 황금은 천국에서 흔하게 널린 돌멩이에 불과하였음을.

'평생 쓰지도 못할 돈을 짊어지고 살았구나….'

부자는 뒤늦게 한숨을 쉬었다.

살아 있는 동안 쓰고 가는 돈이 진짜 자신의 돈이라고 한다. 살아생전에 가진 것을 모두 나누거나 자신을 위해 썼더라면 편안한 마음으로 이승과 작별할 수 있었을 텐데. 부자는 쓰지도 못할 막대한 돈을 묶어둔 채 세상을 하직한 것이나 다름없었다. 보기에만 그럴싸한 그림 속의 부자였던 것이다.

쓰지도 못할 돈을 짊어진 수천억대의 부자가 되고 싶은가. 아니면 돈에서 자유로운 그나마 현실적인 부자가 되고 싶은가. 사람들은 막연하게 부자가 되고 싶다고만 생각하지 얼마큼의 재산을 어떻게 쓸지에 대해서는 고민하지 않는다. 그것은 당신이 지극히 '평범한 운명'을 가졌을 확률이 높아서다.

운은 물길이고, 운명은 배다. 어떤 사람은 호화로운 요트를 타고 태어나고, 또 어떤 사람은 평범한 보트를 타고 태어난다. 정말 힘든 경우라면 뗏목이 될 수도 있겠다. 어쨌든 요트를 탄 부자든 뗏목 위의 빈자든, 주어진 배를 타고 물길을 나아가야 한다. 요트냐 뗏목이냐가 사람의 운명이라면, 운이라는 물길을 헤치는 것은 각자의 역량과 의지에 달렸다.

물론 어떤 물길을 만나느냐가 중요하다. 물살은 좋은 운과 나쁜 운을 가를 수 있다. 물살이 원하는 방향으로만 가주면 다행이겠지만, 출렁이는 파도에 떠밀려 역방향으로 간다면 위기나. 그렇다고 가만히 있으면 배가 뒤로 물러나니 계속 노를 저어야 한다.

인생이 그렇다. 요트를 타고 태어난 사람은 강한 파도를 만나도 여유 있게 나아갈 수 있지만, 보트를 타고 태어난 사람은 힘을 주고 버텨야만 배가 뒤집히지 않는다.

여기서 요트를 탄 사람들이 소위 말하는 '금수저'다. 아무런 노력을 하지 않았는데도 태어나자마자 주식을 증여받고 후계자로 내정된 사람들. 재벌은 하늘이 낸다는 말처럼 확률적으로도 매우 적다. 운명의 법칙이 그렇다.

그렇다고 실망하기엔 이르다. 재벌이 될 수 없다는 것뿐이지 현실적인 부자는 될 수 있다. 주체할 수 없는 돈으로 부러움을 사는 그림 속의 부자가 될 바에야, 제어할 수 있는 돈을 편히 쓰며 사는 그림 밖의 부자가 낫지 않을까.

대부분은 평범한 운명을 타고난다. 하지만 부자를 꿈꾸는 사람들은 "평범한 운명이시네요"라는 말을 듣는 순간 일동 얼굴을 찡그린다. 누구나 내심 자신이 특별한 운명이기를 기대하는 것이다.

평범한 외모, 평범한 직장, 평범한 성격, 평범한 인생 등등…. 달리 뛰어나거나 색다른 점은 없지만, 그렇다고 못나거나 처지지도 않았다는 빛 좋은 개살구 식 해석.

하지만 평범하다는 말은 이 세계에서 최상의 극찬이다. 나는 언제나 평범한 운명이라는 말에 얼굴을 찌푸리는 사람들에게 양궁 과녁을 들어 설명하곤 했다.

50미터 거리에 인생이라는 과녁이 세워져 있다. 점수는 동심원 안쪽을 따라 10점부터 0점. 이론대로라면 첫 화살은 평균에 가까운 8점을 쏘았고, 두 번째 화살은 바람의 영향으로 과녁을 벗어났다. 하지만 운의 세계에서만큼은 비바람이 불고 땅이 흔들려도 과녁 밖으로 절대 벗어나지 않는다. 화살촉에 집중만 한다면 궂은 날씨에도 10점을 관통할 수 있다. 왜냐하면 평범하다는 말에는 뛰어나지는 않아도 뒤처지지 않는다는 기본 전제가 깔려 있어서다.

이처럼 '평범하다'는 말에는 실로 이루기 힘든 가치가 숨어 있다. 뒤집어보면 아주 나쁜 쪽이나 최악으로 벗어나지 않고 운의 사정권 안에 들어왔다는 소리다. 나아가 부자가 될 수 있는 운은 자신의 힘으로 얼마든 만들 수 있다는 의미로도 발전시킬 수 있다.

평생 쓰지도 못할 돈을 끌어안은 비현실적인 부자보다, 현실적으로 돈을 쓰며 사는 부자가 확률상 되기 쉽다. 그러니 그림 속의 부자로 태어나는 1% 운을 차지하지 못했다면 그림 밖의 부자가 될 수 있는 99%의 운을 차지하면 된다.

"평범한 운명이시네요"라는 밀에는 그런 내밀하고도 원대한 속뜻이 감춰져 있다.

돈에 관한
잘못된 질문

운을 들려준다는 이야기에 사람들이 조언을 구해왔다. 재계 30위권 안에 드는 재벌부터 선거를 목전에 앞둔 정계인사, 출연작을 고민 중인 연예인부터 평범한 샐러리맨까지. 저마다의 사연은 다양하겠지만 역시나 가장 많은 질문은 '돈을 끌어당기는 운'에 관한 것이었다.

"제가 부자가 될 운명인가요?", "저는 언제 운이 좋아지나요?" 등등. 어떻게 하면 지금보다 삶이 좋아질 수 있는지, 어떻게 해야 지금보다 성공할 수 있는지 말이다.

사람들은 누구든지 자신의 미래를 궁금해한다. 나라고 별반 다르지 않았다. 잡지에 나오는 '이달의 별자리 운세'도 재미있게 읽곤 했고, 심심풀이로 타로라도 보면 당장 삶이 변화될 것처럼 심장이 두근거렸다. 마치 아득하기만 한 미래를 손에 쥐어줄 것만 같은 실낱같은 희망 때문이었다.

하지만 운의 원리나 메커니즘은 물건을 사고파는 일처럼 간단하지 않다. 동전을 넣으면 노래가 쏟아져나오는 코인 노래방처럼, 인생을 바꿔주는 자동화 시스템이 아니기 때문이다.

하루는 두통이 심해서 의사를 찾아갔다.

"어디가 아파서 오셨어요?"

"머리가 지끈거려서요."

"그럼 일단 정밀 검사를 해보죠. 원인이 뭔지 알아야 할 것 같아요."

의사의 첫 번째 업무는 진단이다. 풀리지 않는 병의 근원을 짚어준다. 다음으로 수술이든, 처방이든, 휴식이든 문제 해결의 방향을 일러주고 환자에게 선택권을 주는 식이다. 환자는 이런 의사의 진단을 참고해 적합한 치료법을 선택만 하면 된다. 주체는 언제나 '나'인 것이다.

운을 읽는 일 또한 다르지 않다. 누구에게는 돈 문제나 결혼이 난관이 될 수 있고, 다른 누구에게는 이직이나 사업이 고민이 될 수 있다. 다들 정답을 듣기 위해 찾아오지만 정작 답을 들을 수 있는 사람은 생각보다 적다. 사실대로 답을 알려주어도 온전히 이해할 준비가 안 되었다고 할까.

조그만 유통회사에서 일하는 3년 차 대리라고 했다. 그는 자신을 단박에 부자로 만들어줄 특별한 운명 처방을 바라고 있었다.

자리에 앉자마자 미소를 지으며 물었다.

"어려서부터 어딜 가나 제 사주가 좋다고 하더라구요. 그런데 20대가 되고 30대가 돼도 잘 풀릴 기미가 보이지를 않네요. 로또라도 하나 맞아야 하는데. 저 어떤가요?"

남자의 표정은 이미 확신으로 가득 차 있었다. 마치 자신의 인생에 예정된 어마어마한 행운이 미처 제 갈 길을 못 찾고 한참을 헤매고 있다는 눈빛으로. 그걸 나보고 제자리로 돌려놓으라고 하는 것 같았다.

"정확히 바라시는 바를 여쭤도 될까요?"

"부자가 돼야죠. 제가 부자가 될 운명인가요? 3년 뒤엔 괜찮아질까요?"

그러면서 3년 후 펼쳐질 핑크빛 미래를 집요하게 파고들었다. 나는 궁금해지지 않을 수 없었다.

"혹시 3년 전엔 뭘 하고 계셨나요?"

"그냥 다달이 월급 받으며 회사 다녔어요. 월급 루팡도 나쁘지 않던데요."

그는 이미 스스로 미래를 보여주었다. 3년 전의 모습이 정확히 남자의 3년 후 모습이었다.

　아무것도 하지 않으면 아무 일도 일어나지 않는다. 아니, 당연히 아무 결과도 나오지 않는다. 서른이나 되었는데 그런 기본적인 사실도 모르는 것일까. 남자는 기본적인 운의 법칙, 아니 삶의 법칙을 완벽히 무시하고 있었다. 나는 횡재수만 바라고 있는 그에게 어떠한 조언도 들려줄 수 없었다. 하지만 여전히 남자는 간절한 눈빛으로 텔레파시를 보내듯 이렇게 외치고 있었다.

　'제가 부자가 된다고 해주세요, 제발요….'

　나는 그저 상황을 진단할 뿐이다. 결코 해답을 주지 않는다. 더 나은 삶으로 변화하기 위해 내담자와 함께 머리를 맞대는 것이다. 진지하게 삶을 변화시키고 싶어 하는 사람에게는 나 역시 진지하게 얼마든지 조언해줄 수 있다. 하지만 듣고 싶은 말을 듣기 위해 찾아오는 사람에게는 그 어떤 이야기도 들려줄 수가 없다.

　그 남자에게 나는 적어도 운에 대해서만큼은 솔직해지고 싶었다. 그래서 이야기했다.

　"찾는 이가 애달파하면 운도 달아나기 마련이죠. 그러니 타고난 운을 기대하지 마세요. 없으면 만들면 되죠. 운을 잡는 방법에는 여러 가지가 있으니까요."

　꿀벌도 이유 없이 날아들지는 않는다. 길가의 꽃 한 송이도 스스로 향기를 내뿜고 꽃가루를 날리며 그 가냘픈 몸으로 생존전략을 짜고 실천한다. 운도 그렇다. 무언가를 이루기 위한 좋은 시간과 흐름이 갖추어진 것일 뿐, 결국 때맞춰 무언가를 이루기 위해 손발을 움직이는 것은 나 자신이다.

그러니 남자의 질문은 처음부터 잘못되었다. "제가 부자가 될 운명인가요?"라고 질문하기보다 "어떻게 운을 만들 수 있을까요?"를 물었어야 했다. 물론 나에게 묻기 전에 스스로 궁리하는 편이 훨씬 빠를 것이고, 그쪽이 더 현실적이고 타산적이다. 실망한 채 돌아서는 남자의 등 뒤로 운이 저만치 멀어져가고 있었다.

대운이 들어올 때
나타나는
변화와 신호

사람의 대운은 10년마다 바뀐다. 또 찾아오는 대운의 시기가 저마다 다르다. 우리는 대운이 바뀌기 직전 1~2년 사이를 가리켜 '교운기'라 부르는데, 이 시점에는 하나같이 약속이나 한 것처럼 공통된 현상들을 겪는다. 그것은 좋을 수도 있고 나쁠 수도 있다. 왜냐하면 들어오는 운과 머무르는 운이 교차하기 때문에 전에 없던 혼란과 갈등이 가중되기 때문이다.

대운은 예고 없이 찾아오지 않는다. 몸과 마음, 환경의 변화를 통해 우리에게 사인을 준다. 대표적으로 얼굴 찰색이 바뀌는 신체의 변화, 기존의 가치가 달라지는 정신세계의 변화, 나를 둘러싼 관계가 달라지는 환경의 변화다. 우리는 이 같은 변화와 신호를 통해 현재의 운명은 물론, 가까운 장래까지 예견할 수 있다.

사람은 평균적으로 살아가며 한두 번의 대운을 경험하게 된다. 즉, 누구에게나 한 번은 일어나는 현상이라는 소리다. 그리고 인생의 성공과 실패, 부함과 빈함은 이 조짐을 얼마나 잘 캐치하느냐에 달려 있다. 따라서 대운이 다가온다면 절대 놓치지 않도록 해야 한다. 참고로 대운이 들어올 때 나타나는 변화와 신호를 다음과 같이 분류했다. 당신은 지금 눈앞에 다가온 대운을 마주하고 있는가.

1. 얼굴빛이 환해진다.
2. 기호나 취향에 변화가 생긴다.
3. 기존의 인간관계가 정리된다.
4. 이직, 이사, 결혼 등 환경이 바뀐다.
5. 갑자기 식욕이 돋는다.
6. 집에 있는 식물이 잘 자란다.
7. 악재가 닥쳐 어려움을 겪는다.
8. 새로운 모임과 커뮤니티가 생긴다.
9. 아침에 쉽게 눈이 떠진다.
10. 관점과 태도가 달라지기 시작한다.

2장

운을 이기는
부자

vs

운에 눌리는
부자

하늘도 어쩌지 못하는
한 가지

"선생님, 저희 어머니가 편찮으세요. 이대로 괜찮을까요?"

"많이 안 좋으신가요? 병원에는 가보셨고요?"

"검사는 다 해봤는데 아무 이상이 없대요. 그런데 기력도 없으시고 자꾸만 쓰러지세요."

효심이 깊어 보이는 막내딸이 찾아와 어머니의 건강에 대해 물었다. 많아야 서른 정도였다. 동그란 눈매와 콧방울이 아직 앳된 구석이 남아 있었다. 하지만 어머니를 염려하며 자주 날을 지새웠는지 눈 밑까지 피로가 내려앉은 상태였다.

또래여서일까. 그 마음이 오롯이 가슴에 와닿았다. 하지만 그것도 잠시, 조금이라도 도움이 되고 싶은 마음에 차분하게 그녀의 운을 들여다보던 나는 놀라지 않을 수 없었다.

그녀 어머니의 주변으로 어두운 먹구름이 드리워져 있었다. 수심 가득한 얼굴로 찾아온 딸에게 이런 이야기를 솔직하게 들려줘도 괜찮은 것일까. 걱정스러웠다. 그래도 눈에 선연히 그려지는 어머니의 운명을 모른 척할 수는 없었기에 조금이라도 호전되길 바라는 마음으로 조언을 건넸다.

"큰 증상이 없더라도 옆에서 돌봐주셔야 해요. 꼭이요."

"네, 선생님. 그럴게요."

몇 개월이나 지났을까. 안개가 자욱이 낀 어느 날의 아침이었다. 오전 11시쯤 문득 잊고 있던 그녀에게서 한 통의 전화를 받았다. 간곡히 조언을 구했던 막내딸이었다. 그녀는 떨리는 목소리로 어머니의 부고 소식을 전해왔다.

"어쩔 도리가 없었어요…."

미처 짚어내지 못한 어떤 운명의 힘이 개입된 것일까. 갑자기 후회가 밀려들었다. 필시 불의의 사고나 천재지변으로 유명을 달리한 것이 틀림없었다. 하지만 나의 예상은 보기 좋게 빗나가고 말았다.

사인은 자살. 원인은 우울증이었다. 통속적으로 74세나 되신 어르신이 스스로 목숨을 끊으리라고 누가 짐작이나 하겠는가. 나이가 들면 조금이라도 오래 살기 위해 병에 걸리지 않는 쪽으로 초점을 맞추지, 연세 지긋한 분이 스스로 세상을 등지는 일은 상상조차 하기 힘든 일이었다. 직관이 발달한 나로서도 인간의 의지는 내다볼 수 없었던 것이다.

'아, 인간의 의지란 이토록 대단한 것이구나!'

그때 깨달았다. 의지는 생사를 가를 만큼 운명에 크게 관여한다는 사실을.

간혹 어렴풋하게나마 스스로 생을 마감할 것처럼 보이는 사람을 만난다. 나는 생년월일시를 보지 않지만 명리학을 하시는 분들 얘기로는 사주에 나온다고 한다. 하지만 어찌 되었든, 그날 막내딸 너머로 보인 어머니에게는 먹구름만 잔뜩 끼었을 뿐 스스로 세상을 등질 운으로까지는 보이지 않았다.

돈에 관한 것은 더더욱 인간의 의지가 큰 힘을 발휘하는 영역이다. 앞서 강조했듯이, 재물운은 돈을 불리기 유리한 조건이고, 나라는 배를 밀어주는 바람일 뿐이다. 그 바람을 이용해 무엇을 선택하고 집중할 것인지는 나의 의지에 달렸다. 실제로 나는 타고난 운명을 거스르고 제힘으로 부자가 된 사람들을 많이 보았다. 모두가 아는 유명인 중에도 그런 사례는 얼마든지 있다. 부자가 되느냐 마느냐는 의지의 바운더리에 있는 것이다.

'일본에서 가장 돈이 많은 남자'로 불리는 소프트뱅크의 손정의 회장. 그는 재일교포 3세로 무허가 판잣집에 살았을 만큼 찢어지게 가난했다. 죽음마저 생각할 정도였다. 그런데 배를 곯던 어린 소년이 지금은 일본 최고의 부자가 되었다. 아무것도 없는 맨손으로 이렇게 성공할 줄 누가 짐작이나 했을까.

아다니 그룹의 CEO도 마찬가지다. 〈아시아나 타임즈Asiana Times〉는 세계 3위 갑부로 고담 아다니 회장을 신징했다. 그는 인도에서 1세대 자수성가형 부자로 등극한 불굴의 사나이였다.

인도는 철저한 계급사회다. 콩 심은 데 콩 나고, 팥 심은 데 팥 나는 것처럼 부자는 부잣집에서 나오는 것이 룰이다. 때문에 거의 모든 인도 재벌이 부친이나 선대가 이루어놓은 회사를 확장시키며 성장해왔다. 하지만 아다니 회장은 달랐다. 평범한 중산층 가정에서 태어나 자신의 손으로 작은 무역회사를 세워 보란 듯이 부의 규모를 늘렸다. 이례적인 성공 스토리이기 때문일까. 아시아 최고 부자를 넘어 세계 3대 갑부로 등극한 아다니 회장의 소식은 연일 외신에서 화제를 모았다.

불우한 어린 시절의 손정의 회장도, 평범하게 태어난 아다니 회장도 과거에는 보잘것없었다. 그럼에도 자신의 힘으로 세계를 움직이는 거부가 되었다는 사실은 시사하는 바가 매우 크다. 또 부자가 되는 운을 만드는 기본 베이스에 의지가 얼마나 큰 포지션을 차지하는지를 몸소 보여준다.

손정의 회장은 훗날 인터뷰에서 이렇게 이야기하기도 했다.

"행운은 누구에게나 찾아온다. 그러나 기회를 살리는 경우는 적다."

＊

운칠기삼(운이 7할이고 노력이 3할)이라는 말이 최근에는 운구기일(운이 9할이고 노력이 1할)로 바뀌었다고 한다. 운이 받쳐주지 않으면 무엇도 이루기 어렵다는 뜻이다. 하지만 내 생각은 조금 다르다. 아무리 좋은 운이 따른다 한들 의지가 없다면 이 또한 무의미하기 때문이다. 아니, 처음부터 그런 기적은 나약한 사람을 찾아오지 않는다.

착한 사람이 부자가 될까, 강한 사람이 부자가 될까. 당연히 후자다. 강하고 착한 사람이라면 아마 더 큰 부자가 되겠지만, 부자의 운은 그것을 받아들일 기본기를 갖춘 사람에게만 찾아간다.

부자들은 당신이 생각하는 것보다 훨씬 의지가 강하다. 그리고 이 순간에도 좋은 운을 잡기 위해 맹렬히 의지를 불태운다.

부자들은 왜
운에 집착할까

    일일드라마를 보면 출생의 비밀이 밝혀져 하루아침에 부잣집 자제로 변신하는 주인공들이 자주 나온다. 신데렐라나 콩쥐팥쥐 이야기가 '권선징악'을 전면에 내세웠다면 부자가 되는 '인생역전'은 365일 대중의 흥미를 끄는 서브 주제다. 예나 지금이나 사람들은 인생역전에 관심이 많고 드라마로 대리만족을 하기도 한다.

    자, 그런데 실제로 여러분이 유산 상속으로 일확천금을 얻게 되었다면 어떤 기분이 들까? 생전 만나본 적도 없는 먼 친척 할아버지가 수천 억을 상속해주었다면? 이때 드라마 주인공들은 자신에게 주어진 행운에 놀라워하며 머리끝부터 발끝까지 완벽한 환골탈태를 감행한다. 누더기 신데렐라 시절에는 누리지 못했던 것을 모두 누려보리라 작정이라도 한 것처럼 말이다.

먼저 우아하게 백화점을 거닐며 마구잡이 쇼핑을 한다. 히말라야 악어가죽으로 만든 수천만 원짜리 에르메스 버킨백과, 수백만 원짜리 디올 구두, 하이주얼리 브랜드의 목걸이와 귀걸이 세트까지. 옆에 있는 수행비서는 양손 가득 쇼핑백을 든 상태다.

몇 가지만 합쳐도 5,000만 원이 훌쩍 넘는다. 이렇게 매일 인생을 즐기는 장면이 60분 내내 드라마에서 펼쳐진다.

허구의 드라마라 할지라도 불필요한 현실감에 눈이 떠진다. 아무리 부자라고 해도 저렇게 막 써도 되나 싶다.

여기서 당신이 하루아침에 100억대 부잣집의 자제가 되어 매일 5,000만 원씩 써버린다고 가정해보자. 어림잡아 한 달에 15억을 쓰는 셈이니 재산이 온전히 남아 있을 리 없다. 5년, 아니 1년도 지나지 않아 모두 사라질 게 불을 보듯 뻔하다.

드라마는 주인공의 잔고를 공개하지 않는다. 10년 후의 삶은 시청자들의 상상에 맡겨진 채로 끝나는 것이다. 운이 넘치게 좋아 부자가 되었다 한들, 돈을 유지하는 능력은 별개의 문제다. 그 어떤 좋은 운이 나에게 돈을 가져다준다고 할지라도, 그 운을 기꺼이 받아낼 의지가 없다면 아무 소용이 없다. 오히려 감당하기 힘든 운명의 회오리에 휘말려 걷잡을 수 없는 일만 발생할 뿐이다. 나는 이 같은 사실을 실제로 만난 두 부자를 통해 알 수 있었다.

일제 강점기 때 확보한 토지 소유권으로 어마어마한 부를 축적한 땅부자가 있었다. 자산가치만 따져도 500억이 훌쩍 넘는 액수였다. 그런 노부부에게는 유일한 근심거리가 있었는데 바로 30대에 접어든 철없는 두 아들이다.

땅과 건물을 가지고 있다는 아버지는 70대에 접어들며 유산 증여에 대해 고민을 하고 있었다. 어떻게 물려줘야 재산을 지킬 수 있을까. 재산 증식은 기대도 하지 않았다. 단지, 조상 대대로 물려받은 재산을 지켜만 줬으면 하는 것이 소원이었다. 하지만 이러한 노부부의 고민을 무색하게 할 만큼, 아들들은 말도 안 되는 사업을 구상해내기 시작했다.

"저기 뷰가 좋은데 호텔 하나 짓자."

"물장사가 최고지. 대형카페 좀 차려줘."

노부부의 시름은 깊어만 갔다. 왜 집안의 재산을 지킬 생각은 하지 못하고 겉멋만 들어 헛된 꿈을 꾸는지 답답했다. 현실적으로 수익성이 없다고 판단한 노부부와 무조건 투자해달라는 철없는 두 아들 사이에 팽팽한 힘겨루기가 시작되었다. 결국 연로한 아버지는 마음의 병을 얻어 시름시름 앓는 날이 많아졌고, 두 아들 역시 부모와 사이가 멀어져 밖으로 나돌기 시작했다.

노부부가 나를 찾아와 이야기했다.

"그저 대대로 내려온 재산을 유지만 해주면 좋겠어요. 더 불리지 않아도 좋으니, 어디 가서 사기나 당하지 말고요…."

하지만 아들들의 생각은 달랐다.

"큰돈을 벌 방법이 있는데 부모님은 사고방식이 너무 구식이에요. 마냥 놀고 있는 땅을 붙잡고 있어 봐야 어디서 돈이 생기겠냐고요."

하지만 너무 늦은 시점이었다. 연로한 나이에 숙환이 더해지며 노부부의 건강이 악화된 것이다. 불안은 불화로 이어졌다. 그리고 돈은 가족에게 또 다른 고통을 불러왔다. 결국 두 아들이 임종을 지키지 못한 채 노부부는 쓸쓸히 세상을 떠나고 말았다.

부모는 부모대로 운이 달아날까 전전긍긍했고, 자식은 자식대로 운을 탐하느라 전전긍긍했다. 마침내 노부부의 재산을 물려받은 두 아들은 막무가내로 사업을 벌이다가 유산의 80%를 탕진해 버렸다.

◦

여기 또 다른 부자가 있다. 그는 작은 게임회사를 창업해 10년 만에 글로벌 게임사로 키워낸 자타가 인정하는 능력자였다. 유년 시절에는 학비도 못 낼 만큼 가난했지만, 흙수저 사업가는 고학

력자들이 가득한 게임 업계를 평정했다.

물론 쉽지만은 않았다. 알음알음 돈을 빌려 초기 자본금 1억으로 회사를 창업했다. 하지만 이내 회사가 무너졌다. 그는 마음속으로 굳게 다짐했다.

'시작은 미약했으나 그 끝은 창대하리라.'

그렇게 다시 두 번째 사업을 일으켰다. 지금은 어떻게 되었을까. 직원 수 1,000명에 육박하는 중견기업으로 성장해 연매출 1조 원을 돌파하며 놀라운 성공 신화를 써 내려가고 있다.

그는 자식 교육도 남달랐다. 평생 지켜온 신념대로 자녀들에게도 스스로 생활비를 벌게 했다. 부모의 도움 없이 자기 삶을 주체적으로 살아가는 사람으로 키운 것이다. 훗날 자식들에게 경영권을 물려주지 않겠다고도 선언했다. 자신이 은퇴하더라도 전문 경영인을 영입해 투명하게 회사를 키워가겠다는 생각이었다.

대외적인 선행도 아끼지 않았다. 자식 입장에서는 그런 아버지의 행동이 처음에는 조금 서운하고 속상했을 수 있다. 하지만 그들은 부모님의 곧은 신념과 언행일치의 삶에 화답하듯 각자 제힘으로 꿈을 찾기 시작했다. 사람들이 입을 모아 이야기했다.

"자식 농사를 참 잘 지었어."

"어디 그뿐이야. 회사도 훌륭하잖아."

첫째는 아버지의 의지를 본보기 삼아 작은 스타트업을 시작했고, 둘째는 예술 분야에 두각을 드러내 자신의 길을 개척해나가고 있다. 그는 이제 달리 걱정이 없다. 그저 머지않아 다가올 평안한 노후를 기다리고 있을 뿐이다.

　　　　　　　　　　　·

　같은 부자라도 이렇게나 다르다. 전자는 날 때부터 부자의 운명을 지니고 태어나 재산을 지키는 데 방어적이고, 후자는 스스로 부자의 운명을 개척해 성공한 탓에 재산을 일구는 데 전투적이다.

　두 부자 중에 어느 쪽이 운에 더 민감할까. 대부분은 후자 쪽에 손을 들어준다.

　"타고난 부자가 아니라서 운에 더 예민할 것 같아요."

　"이를 악물고 돈을 모았으니 운에 집착하지 않을까요."

　실제로 두 부자 모두 운에 민감했다. 하지만 운을 다루는 성격과 방향이 달랐다. 전자는 운에 쉽게 영향을 받았고, 후자는 쉽게 영향을 받지 않았다. 운에 집착한 쪽을 굳이 고르자면 전자였다.

　노부부는 그들 스스로도 운이 좋다는 사실을 알았다. 자신들이 가진 부의 실체가 아무 노력 없이 왔다는 것을 제대로 자각하고 있어서였다. 따라서 타고난 운을 잃는 것에 대한 두려움으로 인생을 사는 내내 불안해하지 않을 수 없었다.

물론 그런 걱정들이 하찮다는 생각을 할 수도 있다. 하지만 자신의 노력으로 얻은 것이 아니라는 근본적인 깨달음은 그들에게 반작용처럼 '돈은 불안의 씨앗'이라는 생각을 심어주었다. 그러다 보니 타고난 부자들은 운에 민감하지 않을 수 없었다.

반면, 오늘을 살아가는 부자들은 달랐다. 믿기 힘들 정도로 운에 집착하지 않는다. 그렇다고 믿지 않는다는 뜻은 아니다. 다만 스스로 인생을 개척했기에 운보다 자신의 저력을 믿으며 살아간다. 실제 이들은 인생이 스러지는 것 자체에 크게 불안을 느끼지 않았다. 그 자신이 가진 것 하나 없이 성공을 만들어낸 장본인이 아니었던가.

그 때문일까. 한순간의 판단 미스로 전 재산을 잃는다고 해도 그들은 오뚜기처럼 다시 일어나 사업을 일으켰다. 설령 나쁜 운이 온다 해도 개의치 않았다. 운에 쉽게 영향을 받지 않는 강한 의지가 있었기에 큰 성공을 이루었던 것이다.

타고난 '저 세상' 부자들은 운에 민감하다. 하지만 이기는 '이 세상' 부자들은 운에 집중한다. 다시 말해 전자는 운에 눌려 영향을 받지만, 후자는 운을 딛고 성장한다. 이것이 돈의 무게를 감당하는 부자들의 비밀이다.

좌절을
끊는 행동

마음먹기에 따라 인생은 얼마나 크게 바뀔 수 있을까. 오로지 의지만 있다면 성공하고 부자가 될 수 있는 것일까. 반은 맞고 반은 틀렸다.

의지는 말 그대로 무언가를 이루겠다는 마음의 표현. 뒤에는 반드시 무언가를 이루려는 행동이 따라야만 한다. 늘 '해야지, 해야지' 마음만 먹고 있어서는 수중에 현금이 하나도 없는데 머릿속으로 비트코인을 셈하는 것과 같다.

지인 중에 변호사시험을 준비하는 사람이 있었다. 로스쿨을 졸업한 지는 이제 막 2개월, 생애 첫 변호사시험을 앞두고 있었다. 하지만 그에게는 마지막 시험이나 다름없었다.

집안 사정이 여의치 않았다. 홀어머니의 사랑과 희생으로 수도권 대학을 졸업할 수 있었으나, 생활전선이 아닌 수험생의 길로 뛰어드는 일은 심적 부담이 컸다. 집안의 가장으로서 돈을 벌어야 한다는 책임감과 일류 변호사로 성공하고 싶다는 욕심이 그를 괴롭혔다.

공부를 하면서도 자꾸만 잡생각이 들었고, 수업이 끝나면 불안감으로 PC방을 들락거렸다. 그는 결국 무의식 속에 흐르는 불안감을 이기지 못하고 철학관에 들러 시험의 결과를 물어보았다.

"이번에 중요한 시험을 보는데 제가 합격할 수 있을까요?"

"아니, 사주에 관이 없는데 무슨 합격이야."

생년월일을 받아적고 찬찬히 살피던 역술가가 한마디 던졌다.

"네? 그게 무슨 말씀이세요?"

"시험에 합격해 먹고살 팔자가 아니란 소리야."

믿을 수 없었다. 불합격이었다. 다른 곳에 또다시 들렀다. 그런데 가는 곳마다 모두 떨어진다고 이야기했다. 무려 10군데나 가보았는데 결과가 똑같았다.

＊

그런데 정확히 1년 뒤. 그는 해가 바뀌는 시점에 변호사시험 합격자로 당당히 이름을 올렸다. 어떻게 된 일일까. 비하인드 스토리를 전해 들은 나는 고개를 끄덕이지 않을 수 없었다. 실제로 그는 그 무렵 불합격의 운으로 흘러가고 있었다. 단지 모든 곳에서 불합격을 외쳐서가 아니었다.

잡생각으로 집중력이 흐트러져 줄곧 게임에만 빠져 있었다. 수업은 대충 때우고 술과 친해졌다. 이대로 좌절하고 스톱했다면 불합격할 것이 분명했다. 그런데 다행히도 오기가 발동했다. 훗날 불합격한다는 사실에 적잖은 충격을 받고 심기일전하는 마음으로 이를 악물었던 것이다.

'내가 불합격이라고? 그따위 운, 얼마든지 뒤집고 말겠어.'

그때부터 그는 눈에 불을 켜고 밤낮없이 공부했다. 어머니께 보답하고 집안에 보탬이 되기 위해서라도 그래야만 했다. 그렇게 하루하루 노력하다 보니 어느새 합격에 가까워졌다. 합격이라는 인생 궤도를 벗어났던 그가 의지를 발휘해 제자리로 돌아온 것이다. 그리고 마침내 예견된 결과를 뒤집고 대한민국 최고의 로펌에 입사했다.

그때 알았다. 마음만 먹으면 운의 흐름을 충분히 바꿀 수 있다는 것을. 바람의 방향과 다르게 정반대로 물길이 나 있지만, 두 배 세 배 노를 저으면 배의 방향을 돌릴 수 있다. 혹시 지금 흘러가는 운이 안 좋다면 그럴수록 노를 더욱 꽉 붙잡고 악착같이 버티면 된다.

줄리아 로버츠가 주연한 영화 '먹고 기도하고 사랑하라'에는 아주 유명한 이야기가 나온다. 매주 성모 마리아 동상 앞에 무릎을 꿇고 기도하는 사람이 있었다.

"제발 로또에 당첨되게 해주세요."

그는 매일같이 눈물을 흘리며 간절하게 소원을 빌었다. 그렇게 하루, 이틀, 365일 아랑곳하지 않고 두 손을 모아 기도했다. 결국 보다 못한 성모 마리아가 나타나 목소리를 들려주었다.

"제발, 당첨시켜줄 테니까 로또나 사고 기도하렴."

당신이 로또 1등으로 일확천금의 부자가 되기를 꿈꾼다면 하다못해 전국 로또 명소를 뒤지거나, 최다 당첨번호를 분석하는 노력이라도 들여야 그나마 1등에 가까워진다. 어쨌든 거액에 당첨되는 사람은 몸을 일으켜 복권을 사러 간 사람이다.

돈도 다르지 않다. 지금 나에게 돈이 없다면 돈을 얼마나 갖고 싶은지, 어떻게 가질지 생각을 구체화하는 것부터 시작해야 한다.

예를 들어 1억 원짜리 외제 차를 갖고 싶다고 치자. 어림잡아 2년 후에는 내 삶이 좀 나아져 있지 않을까 싶어 예상기간을 2년으로 잡는다. 그렇다면 1년에 최소 5,000만 원을 모아야 한다. 12개월로 나누면 매달 400만 원씩 있어야 하고, 주 단위로 나누면 매주 100만 원, 일 단위로는 매일 15만 원씩이다. 하지만 평범한 직장인이 이렇게 돈을 모을 수 있을까?

계산해보면 알 수 있다. 2년이라는 세월이 생각보다 짧다는 사실을. 그리고 현실적으로 노력이라는 것을 하게 된다. 매달 200만 원씩을 5년 동안 모으는 식으로 말이다. 목표를 바꾸거나 기간을 늘리는 플랜B가 등장한 것이다. 그렇게 결국 외제차를 살 수 있다. 또 소수지만 누군가는 이루어낸다.

자신은 100%의 노력을 쏟는데 50%밖에 얻지 못하는 것 같고, 누구는 100%의 노력을 쏟는데 200%를 얻는 것 같을 때가 있다. 이것은 운이라는 것이 작용하고 있다는 신호다. 가만히 있는데 저절로 운이 굴러 들어오지는 않는다.

모든 것을 지나치게 원하는 과욕도 독이지만, 아무것도 하지 않고 인생을 내주는 무기력도 독이다. 성공한 사람들은 언제나 뒤에서 땀 흘려 자신에게 필요한 운을 가져간다.

일도, 사람도 마찬가지지만, 돈도 결국은 남이다. 때문에 내 것으로 만들려면 공이 필요하다. 그렇게 운에 치이지 않는 실력과 내공을 갖추게 되었을 때 비로소 돈을 개척하는 현명한 부자로 살아갈 수 있다.

"운이 좋았어요"라는 말에
감춰진 속뜻

"운이 좋았어요."

아시아 선수 최초로 잉글랜드 프리미어리그 득점왕에 선정된 손흥민은 인터뷰에서 이렇게 소감을 밝혔다. 가수 박진영 또한 매스컴에서 자신의 성공은 노력이 30, 운이 70이라고 자주 이야기하곤 했다. 겸손함을 가장한 은근한 자랑일까. 하지만 그러기에는 너무도 엄청난 성과를 운으로 돌리고 있었다.

두 사람 모두 자기 분야에서 최고의 자리에 올랐다. 이미 알려질 대로 알려져 더 유명해질 필요도 없고, 실력으로나 영향력으로나 자신의 영역을 확고히 지키고 있다. 그런데 왜 그들은 자꾸 운이 좋아서 성공했다고 말할까?

나는 항상 그것이 궁금했다. 정상에 다다른 사람일수록 그랬다. 아마도 그들은 성공에 이르기까지 여러 번 실패를 맛보았을 터였다. 더 이상 없을 만큼 최선의 노력을 기울였지만 아주 작은 요인 하나로 결과가 뒤바뀐 경험 말이다.

축구선수에게는 경기장에 부는 세찬 바람이나 뒤엉킨 운동화 끈이 문제가 될 수 있겠다. 가수는 경연 전날 걸린 목감기 때문에 순위가 뒤바뀔 수도 있다. 어쩌면 자신의 노력으로 어쩌지 못하는 아주 작은 상황이나 순간들을 자신의 노력보다 높이 사고 있는지도 몰랐다. 이것은 다르게 말하면 자신이 할 수 있는 것은 모두 준비되었다는 뜻이기도 했다.

＊

얼마 전, 재미있는 인터넷 기사를 읽었다. 1, 2년 만에 회사를 뛰쳐나온 회사원들을 상대로 차마 밝힐 수 없었던 퇴사 사유를 조사한 설문 내용이었다. 예상대로 회사에 관한 것들이 대부분이었다.

1위는 상사·동료와의 갈등 때문에, 2위는 조직문화가 맞지 않아서, 3위는 복리후생이 기대에 못 미쳐서, 4위는 적성에 맞지 않는 직무 때문에, 5위는 회사의 비전이 어두워서라고 했다. 그중 특히 3초간 눈길을 사로잡은 응답이 있었다.

'회사가 기회를 주지 않아서.'

직원들의 노동력을 레버리지하는 회사에서 정말 아무런 기회를 주지 않았다는 말인가.

신입 프로듀서 시절이 떠올랐다. 꿈에 그리던 직장이었고, 마음껏 프로그램을 만들 수 있다는 생각에 마음이 구름처럼 들떠 있었다. 갈고닦은 실력은 이미 공모전을 휩쓸며 입증했다. 흘러가는 트렌드도 파악한 상태였다. 이제 잘 만들기만 하면 되었다.

하지만 스물일곱 막내 프로듀서 앞에는 기라성 같은 선배들이 거대한 벽처럼 자리를 지키고 있었다. 프로그램 제작은커녕 입사와 동시에 조연출 신세로 밀려났다. 그렇게 허드렛일을 하며 생각했다.

'나도 잘할 수 있는데 왜 기회가 오지 않지?'

하루, 이틀 시간이 갈수록 불만만 쌓여갔다. 힘들고 억울했다. 그리고 마침내 결심했다.

'안 되겠다. 기회를 주지 않으면 내가 직접 만들어야지.'

한 주를 꼬박 밤샘 근무하고 주말에는 짬을 내 영상을 만들었다. 말 그대로 자체 제작한 프로그램이었다. 패러디한 뮤직비디오 영상을 인터넷에 올렸는데, 기대했던 것보다 훨씬 폭발적인 반응이 있었다.

때마침 운이 좋았다. 100만 뷰를 기록한 시점에 경쟁 방송사에서 영상 사용을 제안해왔다. 특별히 거절할 이유가 없었다. 그렇게 자체 제작한 영상은 입소문을 타고 멀리 퍼져나가게 되었다. 그리고 며칠 후, 회사에서 팀장님의 호출을 받았다.

"너, 어떻게 된 거 아니야? 어떻게 경쟁사에 감히 영상을 보내?"

호된 꾸지람이 이어졌다. 하지만 나도 할 말은 있었다. 그저 방송이 하고 싶어서 스스로 기회를 만들었을 뿐이라고 솔직하게 이유를 댔다. 그렇게 단번에 맛집 프로그램을 연출할 기회를 손에 넣을 수 있었다.

사람들은 간혹 상황이 풀리지 않을 때 오로지 외부에서만 원인을 찾는다. 쉽게 말해 남 탓, 환경 탓으로 돌린다는 뜻이다. 회사가 기회를 주지 않았다는 설문조사의 응답처럼 말이다. 물론 정말로 회사가 여러분의 재능을 꽁꽁 묶어두고 틀어막으면서 기회를 주지 않았을 수도 있다.

하지만 바꿔 말하면 이것은 당신 스스로 회사에 실력을 보여주지 않았다는 뜻도 된다. 회사가 기회를 주지 않은 것이 아니다. 내 실력은 10인데, 3만 보여줬기 때문에 딱 그만큼의 일이 주어졌을 뿐이다. 인생은 "자, 마음껏 보여주세요!" 하고 친절하게 판을 깔아주지 않는다. 진짜 실력이 있다면 자리가 있든 없든 어떻게든 기회를 만들어 보일 수 있고, 또 그렇게 남에게 과감하게 펼쳐 보일 수 있어야 진짜 내 실력이다.

돈도 마찬가지다. 간절히 원하는 마음이 커도 쉽게 자리를 내어줄 리 없다. 앞서 말했듯이 무엇이든 내 것으로 만드는 데는 그만한 노력과 에너지가 필요하기 때문이다. 결국 돈을 불러들이는 열쇠는 기회를 만들어내는 힘에 있다.

운이란 어떻게든 파고들어 틈을 만드는 사람에게 찾아오는 달콤한 보상. 이제 "운이 좋았어요"라는 말에 담긴 속뜻을 알겠는가? 다시 해석하면, 운이 좋았다는 말은 노력은 기본이고 실력은 필수인데 마침 날씨까지 맑았다는 뜻이다. 이것은 내가 본 거의 모든 부자들의 공통된 말버릇이기도 했다. 지금은 평범한 직장을 다니지만 '언젠가는 나도 부자가 돼야지' 하고 결심했다면, "운이 좋았어요"의 의미를 다시금 생각해보고 스스로 실력을 보여줄 기회를 만들어야 할 것이다.

이율배반적
워라밸

모 예능 프로그램에 출연한 아리따운 신인 배우가 있었다. 누구나 지나다 한 번은 돌아볼 법한 화려한 외모에 버들가지처럼 바싹 마른 몸을 지닌 미인이었다.

데뷔도 하기 훨씬 전부터 '얼짱'이라는 수식어가 따라붙었고, 동네 사람들은 천상 미스코리아라며 외모를 한껏 치켜세웠다. 친구를 만나러 외출할 때면 연예기획사 관계자들에게 곧잘 명함을 받기도 했다. 실제로 연예계에 발을 들인 계기 또한 길거리 캐스팅 덕분이었다. 그녀 스스로도 아름답다는 사실을 인지하고 있었다. 활짝 피어날 일만 남아 있는 인생은 이미 반짝이는 플래시 세례로 가득했다.

그녀의 최종적인 목표는 부자가 되는 것이었다. 마음만 먹으면 부자가 될 수 있을 것 같았다. 억 소리가 나는 전속 모델 광고 출연료와 이미지를 브랜드화한 다양한 사업 등등, 모든 것이 이루어지는 순간이 오기만을 손꼽아 기다리고 있었다.

연기자 생활은 무난하게 시작할 수 있었다. 비록 조연이지만 소속사의 전폭적인 지원과 빼어난 외모 덕분에 어렵지 않게 기회를 따낼 수 있었다. 시청자들도 연기력은 부족하지만 신선한 신인 연기자의 등장에 화답했고, 이제 스타급으로 승승장구할 일만 남아 있었다. 점점 높아지는 인기에 힘입어 친한 언니와 액세서리 사업도 창업했다. 자신의 패션 감각을 자랑하고 싶었고, 돈도 지금보다 많이 벌고 싶었다.

하지만 신인 배우치고는 좀체 힘든 일을 견디지 못했다. 어려서부터 수많은 관심과 사랑을 조건 없이 받기만 해서 그런 것일까. 어지간한 일에도 금방 싫증을 내거나 쉽게 포기해버렸다. 힘들고 어려운 일을 견뎌본 경험이 없어 끈기도 인내심도 부족했다. 그러다 보니 끝까지 물고 늘어지는 것 없이 늘 조금 해보다 어설프게 단념하고 말았다.

·

그렇게 데뷔한 지 어언 2년. 스포트라이트를 받으며 드라마를 촬영 중일 때였다. 어느 현장에서 그녀가 나에게 하소연을 해왔다.

"언니, 나 너무 힘들어."

"왜? 뭐가?"

"저번에 막내딸 역할은 편했는데. 이번에는 대사도 많고 한복도 더워. 맨날 산골 오지로만 촬영을 다니질 않나, 몸치인데 액션만 시키고. 며칠째 못 자서 피부도 엉망이란 말이야."

"조금만 견뎌봐. 곧 끝나잖아."

"난 워라밸이 중요하단 말이야."

엥? 워라밸? 설마 그 '일과 생활의 밸런스'? 귀를 의심하지 않을 수 없었다. '돈 잘 벌고 롱런하는' 배우가 되겠다던 그녀의 희망사항이, 워라밸이라는 세 글자와는 영 멀게 느껴졌기 때문이다. 안정된 직장인도 아니고 수많은 스타가 박 터지게 뜨고 지는 연예계에서 워라밸 타령이라니. 속으로 놀라지 않을 수 없었다.

당시에는 별생각 없이 웃어넘겼다. 철없는 투정이 귀엽게 들리는 정도였다. 그녀는 모두가 추앙하는 신체적 조건을 완벽하게 갖춘 신인 배우가 아닌가? 잠깐은 힘들 수 있겠지만 그녀가 이 어려움을 넘기고 배우 생활을 잘 해낼 것이라고 믿었다. 내가 만난 수많은 배우, 가수, 스타들이 그러했듯이 말이다.

그런데 지금은 약간 후회한다. 다시 그 순간으로 돌아갈 수 있다면 나는 그녀에게 마음은 미어져도 단호하게 충고했을 것이다. 그것도 운이 읽히는 대로 아주 솔직하게.

워라밸을 지키면서 무언가를 이룰 수는 없다고, 그녀가 바라는 '돈 잘 벌고 롱런하는' 배우는 물론이고, 부자의 세계에서는 더더욱 아니라고 말이다. 톱스타를 꿈꾸는 사람들은 일부일지 몰라도 부자가 되고 싶은 사람은 모래알처럼 많다. 그러니 부자가 된다는 것은 하늘의 별처럼 희소하다. 그런데 아무것도 내어놓지 않고 그것을 이루겠다니. 세상에 그럴 수는 없는 법이었다.

"저는 워라밸이 중요해요."

"일보다 개인시간이 더 중요해요."

많은 사람이 입버릇처럼 이야기한다. 이것은 옳고 그름이 아니라 선택의 문제다. '부자'와 '워라밸'은 서로 섞일 수 없는 재질의 단어이기 때문이다.

적당히 일하면서 적당히 벌겠다는 마인드는 상관없다. 부자가 되지 않아도 괜찮다는 뜻이라면 워라밸을 중시하는 것이 문제가 되지 않는다. 하지만 몸은 편하기를 바라면서 벤틀리를 타려는 생각은 잘못되었다. 쇼핑, 여행, 휴식, 취미 등등 하고 싶은 일을 다 하면서 남들보다 위로 가고 싶다고? 그런 삶은 지구 어디에도 존재하지 않는다. 누리고 싶은 것을 누리면서 벤틀리를 타려는 마음은 과욕이다.

방송국에서도 서로 데려가려는 A급 인재들은 주야를 막론하고 휴가도 반납한 채 일을 한다. 물론 최선을 다하는데도 안 되는 경우가 더러는 있다. 하지만 개중에도 악착같이 하는 사람들은 시차가 조금 있을 수는 있어도 결국은 잘된다. 그래서 워라밸을 찾는 사람에게 나는 이렇게 말한다. 일단 자신이 원하는 삶이 어떤 모습인지를 정확히 그리고, 1번이냐 2번이냐를 선택하라고 말이다.

일단 위로 가고 싶다는 사람들은, 개인적인 삶을 어느 정도 미뤄야 한다. 제아무리 유능하고 잘나가는 CEO라 할지라도 사업을 계속 유지하려면 지속적으로 새로운 것을 시도하고 발전을 도모해야 한다.

사업이라는 것은 자전거나 헬리콥터와 비슷해서 페달을 계속 밟지 않으면 혹은 프로펠러를 잠시라도 멈추면 넘어지거나 추락하고 만다. 게다가 수백, 수천 명을 먹여 살려야 한다는 중압감은 또 얼마나 크겠는가. 쉼 없이 스트레스를 받을 수밖에 없다.

부자들에게 자기 통제를 실천하는 삶은 필연적인 운명이다. 그러니 부자와 워라밸을 동시에 바란다는 것은 이율배반적이라고 하지 않을 수 없다. 절대 양립할 수 없는 영역이기 때문이다.

톱스타로 날아오를 날만을 꿈꾸던 신인 배우는 그렇게 한동안 철없는 부잣집 딸 역할을 전전했다. 그리고 얼마 지나지 않아 간간이 아르바이트를 하며 재기의 기회를 노린다는 짧은 소식이 들려왔지만, 그마저도 바라던 배역이 아니면 한사코 오디션을 고사했다.

　그렇게 1년, 2년…. 앞날이 촉망받던 아름다운 자태는 세월의 뒤안길로 밀려나 이제 TV 어디서도 찾아볼 수 없다. 화려한 부자를 꿈꾸던 그녀는 지금 어디서 무얼 하고 있을까.

의지의 화신으로
거듭나는 법

앞서 좋은 운을 끌어당기려면 의지가 중요하다고 했다. 스스로 기회를 만들고 실력을 보여주라는 말도 알겠다. 그렇다면 어떻게 '의지의 화신'이 될 수 있을까? 무엇을 준비하고 어떻게 실천해야 할까? 부자가 되고 싶은 열망은 가득한데 도무지 의욕이 없다는 사람들이 있다. 돈을 벌고 싶은 마음은 굴뚝 같지만 먼 나라 이야기 같단다. 이럴 때 의지를 불태우는 아주 손쉬운 방법이 있다.

*

하루는 젊은 사업가가 찾아왔다. 사업 확장을 해야 할지 말아야 할지, 고민하는 사람이었다. 문을 들어서는 순간부터 눈빛이

초롱초롱했다. 눈에는 총기와 영민함이 뚜렷했고, 한눈에도 범상치 않은 멘탈의 소유자였다. 내부 장기 가운데 유일하게 바깥으로 노출된 부위가 눈이라고 했던가. 그는 눈빛만으로도 많은 것을 보여주는 사람이었다. 두 눈동자가 의지와 결기의 표식처럼 쉴 새 없이 반짝거렸다.

젊은 사업가가 말했다.

"정확히 머릿속에 그리던 부자가 됐어요. 외식 사업으로요."

눈앞에 그를 닮은 몇몇 자산가들의 눈빛이 스쳐 지나갔다. '아, 이 사람도 그들과 비슷하구나' 싶었다. 상당한 자산을 보유한 신흥 부자들에게는 신기한 공통점이 있었다. 하나같이 '부자의 상相'이 뚜렷하다는 점이다. 이 말은, 어떤 부자가 되고 싶은가, 얼마만 한 부자가 될 것인가를 스스로 손에 잡힐 듯 명확하게 그리고 있다는 뜻이었다.

"어떻게 이렇게 크게 성공하셨어요?"

"딱 하나만 생각했어요. 매일 산에 올라가 집을 봤죠."

청담동의 고급 루프탑 바부터 이탈리안 레스토랑까지. 그는 수십 개의 체인점을 운영 중인 각광받는 외식사업가가 되어 있었다. 사업으로 벌어들이는 연 매출만 100억 원대. 지금이야 맛과 서비스로 승승장구하는 젊은 부자가 되었지만 사실 그의 유년 시절은 불행으로 얼룩져 있었다.

육류 도매업을 하던 아버지는 하루가 멀다 하고 돈 사고를 쳤다. 생활비는 언감생심이었다. 어머니가 식당일로 생계를 거의 도맡다시피 했는데, 결국 아버지가 전 재산을 탕진하는 바람에 임대 아파트에서도 쫓겨났다.

그는 사글세 판자촌에 살며 간신히 학교를 졸업했다. 고등학교를 마치고 서울로 올라올 때까지 해도 비가 오면 물이 차는 집에서 벗어날 수 없었다. 학교에 갈 때면 교복에서 나는 물곰팡이 냄새 때문에 놀림을 받을까 봐 두려웠다. 또 돌아오면 다시 홍수로 집에 물이 차진 않을까 두려움에 떨어야 했다. 그에게 '집'은 곧 되찾고 싶은 세계, 보상받지 못한 어린 시절의 '꿈'이었다.

서울로 올라온 직후부터 그는 줄곧 하나만 생각했다.

"평생 살 수 있는 나만의 집을 사자!"

그리고 꿈을 구체화시켰다. 부를 상징하는 강남이면 좋겠고, 한강뷰가 펼쳐지는 시원한 조망이면 더욱 좋을 것 같았다. 폭우도 도둑도 넘볼 수 없는 완벽한 보안은 필수다. 그가 꿈꾸는 둥지는 오직 한 곳, 막연하게 꿈을 꾸긴 싫었다. 그래서 매일 밤 레스토랑에서 일을 마치고 나면 그길로 옆에 자리한 산에 올랐다.

산 중턱에 올라서면 푸른 한강 너머로 꿈에 그리던 아파트가 보였다. 별처럼 무수히 반짝이는 조명을 보고 있노라면, 언제가 손에 넣고 말리라는 기대감으로 힘든 하루를 잊을 수 있었다.

'용산구 ○○동 ○○아파트, 실거래가 50억.'

머릿속으로 살고 싶은 집을 매일같이 주문했다. 주소지는 물론이고 주변에 있는 상점들까지 외워버릴 정도였다. 언젠가는 꼭 이루리라는 부푼 꿈을 안고서.

*

그렇게 몇 년을 더 남의 가게에서 일했다. 그 덕에 전체적인 외식산업의 흐름을 읽어낼 수 있었다. 한 푼 두 푼 직접 모은 투자금을 가지고 철저하게 손익 계산을 한 후 첫 식당을 오픈했다. 대출금으로 빚더미에 앉을 수도 있는 위험한 스타트가 아니라, 결코 망하지 않는 느리고 착실한 길을 선택한 것이다.

임대료와 인건비, 투자비를 고려한 완벽한 설계였다. 그는 5년 동안 안정적으로 사업을 키워나갔고, 마침내 외식사업가로 탄탄대로를 걷게 되었다.

흑자 전환으로 목돈이 생겼을 때 그가 가장 먼저 산 것은 꿈이었다. 평생에 그리던 바로 그 집. 그렇게 잃어버린 유년 시절의 집을 어른이 되어 되찾을 수 있었다. 누가 상상이나 했겠는가. 매일 남의 식당에서 어깨너머로 일을 배우던 청년이 이렇게 외식사업계의 큰손이 되리라고.

젊은 사업가는 계속 말을 이어나갔다.

"그때부터였던 것 같아요. 정확히 하나만 꿈꿨던 게. 어마어마한 돈을 바라지도 않았어요. 그저 어머니를 편히 모시고 살 수 있는 좋은 집을 한 채 사고 싶었을 뿐이죠. 남들한테는 비싼 외제차나 명품시계가 먼저겠지만 저한테는 후순위였어요. 사람은 참 단순해요. 자기가 어떤 삶을 살아왔는지에 따라 인생의 가치가 달라지니까요. 결핍이 곧 꿈이었던 거죠. 저한테는 그게 바로 집이었어요."

나는 뚝심 가득한 그의 두 눈을 보고 확신할 수 있었다.

'이 사람은 더 큰 부자가 되겠구나.'

역시 될 사람은 뭐가 달라도 달랐다. 젊은 사업가는 머릿속에 그린 부자의 상을 그대로 현실에서 재현해내고 있었다. 여기서 말하는 상이란 '그리는 모습', 곧 되고자 하는 '미래'다. 2,000대 1이라는 무시무시한 경쟁률을 뚫고 합격한 JTBC의 간판 아나운서가 밤마다 방송국을 바라보며 의지를 다졌다는 일화도 구체화된 그림이 얼마나 중요한지를 보여준다.

*

요즘 유행하는 '부자 체험'도 그런 의미에서라면 해볼 만하다. 평소에는 갈 일 없는 5성급 호텔 레스토랑에서 수십만 원에 달하는 코스 요리를 맛보거나, 자신의 수입을 훨씬 넘는 항공사 퍼스트 클래스를 이용해보는 것 등이다. 힘들게 번 돈을 왜 그렇게 쓰냐고 비난하는 사람도 있겠지만, 부자가 되기 위해 부자처럼 돈을 써보는 것은 의미가 있다.

널따란 테이블과 세련된 인테리어, 겉옷을 받아 걸어주고 의자를 빼주는 섬세함까지. 입구에 들어서는 순간부터 계산하고 나가는 순간까지 금액으로 환산할 수 없는 엄청난 가치를 느낄 수 있다. 그러면 부자의 세계는 필시 오늘의 경험보다 경이로울 것이라고 확신하게 된다. 그리고 그 느낌을 간직하다 보면 결국 의지를 실행으로 옮겨 금전의 물꼬를 틀 수 있다.

그뿐 아니다. 부자가 되려는 목표를 충전하는 일도 가능해진다. 사실 의식하지 못하더라도 누구나 일상에서 조금씩 부자의 삶을 체험하고 있다. 모처럼 카드를 긁어서라도 자신에게 백화점 옷을 선물하고, 스트레스를 받는 날이면 비싼 오마카세 가게를 방문하는 식으로 말이다.

다시 말하지만, 이야기의 요지는 욜로가 되라거나 사치하라는 뜻이 아니다. '명확한 부자'를 꿈꾸고 경험해보라는 것이다. 막연하게 큰돈을 벌겠다고만 이야기하지 말고 '부자의 상'이 여러분의 망막에 뚜렷하게 맺히도록 해야 한다. 상이 뚜렷한 사람은 구체적인 행동을 하게 되고, 잘하든 못하든 실현 가능성이 높아진다. 시야가 좁아지거나 판단력이 흐려질 때도, 목표가 산란되어버리는 일이 적다. 의욕과 인내심을 유지하고 있어 괜한 고민으로 흔들리지도 않는다. 손에 잡힐 듯이 꿈을 꾸는 사람은 결국 그 일을 해낸다. 구체적인 상상은 구체적인 결과를 가져오고, 막연한 상상은 막연할 결과를 가져오는 법이니까.

자신이 되려는 부자가 어떤 모습인지, 또 부자가 되어 무엇을 이룰 것인지. 부자의 상이 뚜렷하면 할수록 돈에 대한 열망이 강해진다. 이것은 큰 부자로 성장할 수 있는 아주 작지만 강한 실천법이 아닐 수 없다.

고기도 먹어본 자가 그 맛을 안다고 했다. 작은 성공을 경험해본 사람이 큰 성공도 할 수 있다. 젊은 사업가는 내가 따로 조언해줄 필요가 없었다. 이미 그는 자신이 현재 어느 위치에 서 있고, 무엇을 해야 할지 잘 알고 있기 때문이다. 으레 누구나 겪는 일처럼 한두 번은 운이 꺾일 수 있다. 하지만 그는 알고 있었다. 자신이 결코 부자의 대열에서 벗어나지 않으리라는 사실을. 그는 계속해서 시각적이고 구체적인 결과를 이뤄낼 것이다.

'운'이라는
마일리지

"앞으로 노후는 행복할까요?"

"10년 뒤엔 뭘 하고 있을까요?"

사람들은 늘 '인생의 끝'을 궁금해한다. 말년에 부자로 살지, 편안한 노후를 보낼지 말이다. 하지만 인생은 치밀하게 짜인 각본대로 흐르지 않는다. 완벽하게 정해진 어떤 길을 간다기보다는 어느 정도의 흐름이나 방향으로 갈 뿐이다. 세세한 것은 결국 스스로 만들어가야 한다. 내가 이런 이야기를 하면 사람들은 실망하는 기색으로 되묻는다.

"아니, 그럼 운명이 없는 거네요? 사주, 명리학은 다 거짓말이라는 말씀이세요?"

운이란 것은 어디까지나 과거와 현재, 그리고 미래의 합산물이기 때문에 당장 1년 뒤조차 장담할 수 없다. 이것은 내가 수많은 사람을 관찰하며 얻은 깨달음 중 하나다.

재물도 그렇다. 간혹 거액의 횡재수가 들어올 수는 있지만 그런 운이 '보통의 운명'을 타고난 일반인에게 들어올 가능성은 희박하다고 보면 된다. 비록 10점은 못 맞히더라도 과녁 밖으로 나가지 않는 '보통의 운명' 말이다.

사람들은 자주 오해한다. 재물운이 좋다고 하면 당장 큰 부자가 되는 줄로만 안다. 하지만 부자의 기준은 저마다 다르고, 돈을 바라보는 가치도 다르다. 누군가는 100억 원이 생겨도 별 감흥이 없고, 다른 누군가는 당장 100만 원만 생겨도 고통이 사라지니 말이다. 재물운이란 뭘까? 우리는 대체 무엇을 돈과 바꾸는 것일까?

＊

S는 마트에서 파트타이머 캐셔로 평범하게 살고 있다. 이렇다 할 변화가 없는 삶이었다. 그저 언제나 그래왔듯이 똑같은 시간에 출근해 기계적으로 바코드를 찍었다.

그러던 어느 날이었다. 계산대에서 물건을 사던 손님이 말했다.

"내년에 재물운이 참 좋으시겠어요."

손님은 자신을 관상가라고 소개했다. 그냥 지나가는 덕담이라도 기분이 좋았다. 그날부터 S의 얼굴에 싱글벙글 웃음꽃이 피기 시작했다. '에이, 설마'라는 마음가짐 속에 '혹시 내가?'라는 기대감이 버섯처럼 자라나기 시작한 것이다.

그렇게 3개월, 6개월…. 1년이 지났다. 해가 바뀌었다. 하지만 온다던 재물은 소식이 없었다. S는 갸웃했다. 그 어디서도 큰돈이 들어올 만한 낌새가 보이지 않았던 것이다. 혹시나 했던 희망은 이내 실망으로 바뀌었다.

사실 S의 좋은 운은 이미 지나간 뒤였다. S는 1년 전 매달 200만 원을 받았는데, 이듬해 시급이 인상되었다. 파트타이머의 시급이 오른 것은 드문 일이었다. 관상가가 말한 S의 재물운에는 그 돈도 포함되었던 것이다.

재물운은 갑자기 나타나는 일확천금이 아니다. 지금보다 좋은 환경, 즉 돈을 불리기에 유리한 여건이 갖춰졌다는 이야기일 뿐이다. S가 기대한 것처럼 아무것도 하지 않았는데 느닷없이 통장에 1억 원이 들어온다는 의미가 아니다. 또 그 액수가 100만 원이 될지 1억 원이 될지는 누구도 알 수 없다. 그럼에도 S는 정확한 시기와 액수를 알려주지 않았다며 관상가 손님을 원망했다. 스스로 기회를 지나친 줄도 모르고 말이다. 운을 다룰 줄 모르는 사람들의 전형적인 뒷북이다.

만약 S가 '아, 재물운이 좋아지는 시기가 오고 있구나. 그럼 월급이 조금 올랐으니 소액이라도 주식투자를 해볼까?' 결심했다면 결과는 달라졌을 것이다. 실제로 투자와 관련된 정보를 모으고 실전투자로 경험을 쌓다 보면 돈에 대한 감각도 좋아질 것이고, 마침 재물운이 좋은 시기와 겹쳤으니 꽤 괜찮은 성과를 거두었을 지도 모른다.

앞에서도 이야기했지만, 복권 한 장 안 사본 사람이 왜 당첨을 바라는가? 재물운은 그 자체로 결과가 아니다. 나의 액션을 힘껏 밀어주는 고마운 순풍이다. 바람은 목적지가 없는 배를 밀어주지 않는다.

1년이라는 시간은 생각보다 길다. 또 많은 것을 변화시킬 수 있다. 돈뿐이 아니다. 누군가는 열심히 공부해서 합격이라는 꿈을 이루고, 누군가는 회사 경영을 열심히 해서 사세를 확장한다.

사람은 수명을 다하는 날까지 '선택'과 '집중'을 반복한다. 뭔가를 선택하고 책임지고 집중하는 게 인생이다. 이것은 자유의지가 생기는 순간부터 예정된 사이클이다. 선택을 잘했느냐 못했느냐, 그리고 그 선택에 얼마나 집중했냐에 따라 결과가 달라질 뿐이다.

무엇을 선택하고 얼마나 집중할지는 결국 의지의 문제다. 마음 먹기에 따라 성공과 실패는 얼마든 바뀔 수 있다. 그러니 S처럼 아무 행동도 하지 않고 운만 바라는 것은, 인생이라는 OMR카드에 마킹도 하지 않고 100점부터 달라는 소리와 같다.

자신에게 온 좋은 운을 불리지 못하고 '나는 왜 운이 없을까'를 묻는 사람들에게 나는 이런 이야기를 한다.

"운이 마일리지나 포인트라고 생각해보세요. 그런데 유효기간이 며칠 남지 않아서 얼마 후면 사라져요. 그럼 어떡해야 할까요? 이 좋은 운을 그대로 버리실 건가요? 사라지기 전에 나를 위해 열심히 써야죠. 그것도 최대치로요. 나에게 온 좋은 운을 쓸 수 있게 액션을 하라는 뜻이에요."

'10년 대운'이라는 말을 들어보았을 것이다. 운의 큰 흐름을 보기 위해 대략적으로 기간을 나눈 것인데, 10년은 대운, 5년은 소운, 1년은 세운이라고 한다.

나는 입춘을 기점으로 새롭게 시작하는 1년 세운에 집중하라고 조언할 때가 많다. 10년 치 시나리오가 정해져 있다고 하면 너무 막막하지 않은가? 거대한 벽 앞에 선 것처럼 말이다. 하지만 '올해의 운'은 매년 새롭게 갱신되니 새로운 마음가짐으로 다시 시작할 수 있다. 큰 흐름을 바꾸는 노력이 아니더라도 내가 무언가를 바꿀 수 있는 일이 많다는 뜻이다.

또 새로운 봄, 입춘이 올 때마다 무언가 새롭게 시작할 수 있으니 마음도 산뜻해진다. 중요한 것은 액션이다. 어떠한 마음을 먹느냐에 따라, 어떠한 선택을 하느냐에 따라 나의 행동이 달라질 것이고, 결국 그 행동 하나하나가 올 한 해 나의 운을 결정할 것이다.

당장 한 달 뒤도 알 수 없는 게 인생이다. 요즘같이 세상이 급박하게 변하고 있는 시기에는 더더욱 한 치 앞을 알 수 없다. 1년 후가 길다고 느껴질 수도 있지만, 길게 느껴지는 만큼 충분한 시간이다. 무언가를 변화시키거나 바람의 방향을 바꾸기에 말이다. 바람처럼 들고 나는 돈이라면 두말할 것도 없다. 나에게 온 운을 구체적으로 상상하고 행동으로 옮기기 위한 일을 고민해야 한다. 아무리 좋은 운이 와도 나에게 관심을 받지 못하면, 그 운은 그저 공중에서 흩어져버린다. 그리고 지금 이 순간에도 여러분의 운은 관심받길 바라며 한껏 불려지기를 고대하고 있다.

삼재三災와
아홉수는
정말 존재할까?

삼재는 9년 주기로 돌아온다는 3가지 재난을 의미한다. 그렇게 첫해가 들삼재, 둘째 해가 눌삼재, 셋째 해가 날삼재로 사람들 곁에 머무르게 된다. 그중에서도 체감상 들삼재가 가장 강력한 액운을 끼친다.

사람들은 불행이 돌아올 때마다 모든 것의 원인을 삼재에서 찾는다. 하지만 모두가 삼재의 영향을 받는다면 인구의 절반이 횡액을 당하거나 망해야 맞다. 따라서 삼재라고 다 나쁜 것만은 아니다. 때로는 위기가 기회로 작용해 길하게 풀릴 수도 있다. 그래서 잘 풀리면 복삼재, 안 풀리면 악삼재라는 말까지 나온 것이다.

아홉수도 다르지 않다. 아홉수에 결혼을 피해야 한다는 설은 '9'라는 숫자가 갖는 성질과 배경 탓이 크다. 9는 '10'이라는 완성을 앞둔 매우 불안정한 숫자. 미완과 변화가 따르는 숫자이기에 예로부터 불길하게 보았다. 이는 환절기의 원리와도 같다. 보통 다음 계절로 넘어갈 때 변화가 많으니 탈도 많고 말도 많다. 하지만 또 참고 견뎌내면 그만큼 좋은 결과가 따라온다.

결론적으로 삼재와 아홉수는 존재한다. 그리고 때에 따라서는 타는 사람과 타지 않는 사람이 있다. 스스로 "삼재치고 괜찮네", "아홉수도 별것 없네"라는 식으로 운을 비켜나갈 수도 있다. 온갖 것으로부터 몸을 사리되 의연한 자세로 삶에 임한다면 말이다.

참고로 다음의 그림을 준비했다. 자신의 띠를 대입해 조만간 다가올 삼재를 미리 알 수 있다.

뱀띠, 닭띠, 소띠	원숭이띠, 쥐띠, 용띠	돼지띠, 토끼띠, 말띠	범띠, 개띠
돼지해에 들삼재 쥐해에 눌삼재 소해에 날삼재	범해에 들삼재 토끼해에 눌삼재 용 해에 날삼재	뱀해에 들삼재 말해에 눌삼재 양해에 날삼재	원숭이해에 들삼재 닭해에 눌삼재 개해에 날삼재

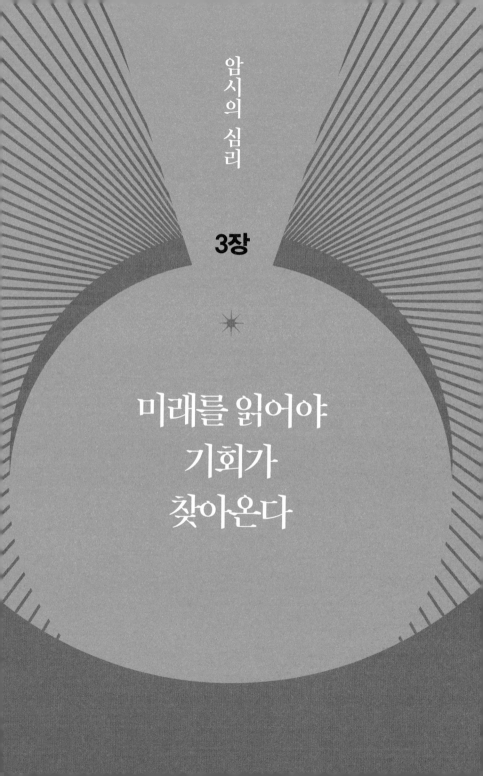

암시의 심리

3장

미래를 읽어야
기회가
찾아온다

직관의
맥을 잡아라

"대체 어떻게 안 거야?"

"내가 너 그럴 줄 알았다."

심증만 있지 물증은 전혀 없는데 남자친구가 몰래 바람피우는 것을 알았다. 이렇듯 그냥 알게 되는 것들이 있다. 말도 안 되는 소리라고 일축하고 싶겠지만, 일단 속는 셈 치고 그런 세계가 있다고 믿어보자.

소위 대박을 터뜨린 방송가 사람들에게서 나는 하나의 공통점을 발견할 수 있었다. 바로 '촉'과 '감'이 굉장히 뛰어나다는 사실이다. 노래 경연 프로그램에서 초반부터 'A가 무조건 1등이야'라고 맞히거나 '이번 주말드라마 대박 날 것 같은데' 하면 딱딱 들어맞는 사람들 말이다.

방송국 사람들, 특히 무대에 오르는 연예인치고 이 직감이 뛰어나지 않은 사람이 없다. 가수들만 봐도 그렇다. 아무리 샤이한 성격을 지닌 사람이라도 무대에만 오르면 전혀 다른 사람이 된 것처럼 돌변한다. 한마디로 카메라에 불이 들어왔을 때와 꺼졌을 때가 180도 달라진다. 그런 모습을 볼 때마다 '어떻게 카메라만 돌면 달라지지?' 하고 궁금했다. 하지만 촉이 좋은 사람들은 그 모습을 눈으로 확인하기 전에 일찌감치 자질을 캐치한다.

운의 세계로 진입한 후에 나는 비로소 알게 되었다. 논리적으로 정확하게 설명할 수 없는 상황, 그러니까 "이유는 모르겠지만 왠지 그럴 것 같다" 싶은 직관이 바로 돈을 만드는 '성공의 열쇠'라는 것을 말이다. 부자들은 하나같이 이 능력이 잘 발달해 있었다.

특히 남들보다 몇 수 앞을 내다보는 능력이 유달리 특출났다. 한눈에 '아, 이건 이렇게 되겠구나' 즉각적으로 감지하고, 놀라운 발상으로 연결시켜 돈을 끌어당겼다.

그런 의미에서 투자도 직관과 관계가 깊다. 오늘 매수한 주식이 휴짓조각이 될지 황금조각이 될지는 모를 일이지만 부자들은 자신의 직관을 믿고 자신의 선택을 확신한다. 10년 후를 먼저 내다본다는 전설적인 투자가들의 눈은 단순한 어림짐작이 아니었던 것이다.

1860년대 제임스 케일럽 잭슨이라는 미국인 의사가 있었다. 그는 환자들을 돌보면서 누구든 채소와 물만 있으면 건강해질 수 있다는 경험을 얻었다.

그리고 생각했다. '그럼 곡물에 물만 섞으면 되겠군.' 그렇게 고민 없이 곡물가루를 반죽한 건강식을 개발했다. 바로 그래뉼라였다. '작은 낟알'이라는 뜻을 지닌 그래뉼스granules에서 유래된 말인데, 가공하지 않은 곡물로 건강을 지킬 수 있어 화제였다. 하지만 그가 개발한 그래뉼라는 너무 딱딱한 데다 결정적으로 맛이 없었다. 그러니 아무리 회복이 시급한 환자라고 해도 딱히 먹고 싶어 하지 않았다.

그때였다. 그의 병원에서 일하던 켈로그 형제의 눈이 번뜩였다. 그들은 어떻게 하면 그래뉼라를 맛있게 먹을 수 있을지 고민했다. 이렇게도 해보고 저렇게도 해보며 다양한 실험을 해보았다. 그리고 마침내 얇게 반죽을 밀어 플레이크 형태를 만들었다. 오늘날 누구나 아는 세계적인 시리얼 브랜드 켈로그의 탄생이었다. 날개 돋친 듯이 팔린 콘플레이크는 훗날 켈로그 형제에게 엄청난 부와 명예를 가져다주었다.

이 이야기에서 알 수 있는 것은 한 가지다. 그들이 가진 직관의 힘. 만약 그들이 그래뉼라에서 돈이 되는 포인트를 지나쳤다면, 또 그것이 지닌 단점만 보고 그 속에 숨은 거대한 성공을 엿보지 못했다면 과연 부자가 될 수 있었을까?

직관이 살아 있다는 것은 즉각적인 깨달음이 있다는 뜻이고, 이를 영묘한 힘으로 발현해낼 수 있다는 이야기도 된다. 어떤 분은 이를 '정신의 해상도'라고도 표현한다. 쉽게 말해 해상도가 높고 화소畫素수가 많은 카메라로 사진을 찍으면 선명하고 생생하게 나오는 것과 같다. 사람의 직감도 해상도가 높으면 세상이 더욱 선명하게 보인다. 그래서 정신의 해상도가 높은 사람은 그만큼 매력적이다.

　　　　　　　　　　　　＊

사실 우리나라 사람들은 특히나 직관이 발달했다. 양궁, 사격, 골프, 펜싱 같은 종목에서 국제대회 메달을 싹쓸이 하는 것을 보라. '신궁'이라 불리는 우리나라 양궁 국가대표팀의 경기를 보면, 상대선수가 몇 점을 쏘든 바람이 어떻게 불든, 절대 무너지지 않는 멘탈을 엿볼 수 있다. 또 서양 요리사와 달리 우리나라 어머니들은 레시피에 의존하지 않는다. 0.1g을 계량하기보다는 눈대중으로 넣어도 기가 막히게 맛있다. 이처럼 발달한 초감각의 세계가 바로 직관과 관련이 있다. 과학과 산업이 발전하는 시기에는 논리와 이성을 중시했지만, 이제는 그 반대편의 감성과 감각, 직관이 더 중요해진 것이다.

물론 타고나는 면도 분명 있다. 하지만 성공을 이룬 부자들은 하나같이 직관을 높이는 훈련을 게을리하지 않는다. 일단 어릴 때부터 보고 듣는 스케일이 다르다. 좌뇌와 우뇌를 고루 발전시키는 경험을 게을리하지 않으며 할 수 있는 최대치의 경험을 쌓는다. 그렇게 감정의 로직을 만들어 자아의 확장을 도모해간다.

그리고 그 무한한 힘으로 가능성을 발견해 돈으로 바꾼다. 4차 산업시대에는 영성지수, 즉 SQSpiritual Quotient의 시대가 온다고들 한다. 지능지수IQ, 감성지수EQ와는 차원이 다른 세계다. 이러한 감각은 아무리 날고 기는 AI라도 대체할 수 없다. 오직 인간만이 가장 깊게 발달시킬 수 있는 고차원적 정신세계이기 때문이다.

남자친구의 변심을 눈치챈 여자의 촉은 결코 우연이 아니다. 남자는 소소한 거짓말을 반복했고 데이트 약속에도 자주 늦었다. 그런 작은 단서부터 목소리, 말투, 눈빛 등 모든 감각적 경험의 총합이 남자친구의 변심을 가리키고 있었다. 결국 그녀의 직관은 스스로 행복해지기 위한 이별이라는 현명한 선택을 도와주었다.

세상에 우연이란 없다. 순간의 흐름을 읽어낼 줄 알면 돈도 미래도 당길 수 있다.

부자들의 가방에는
항상 '이것'이 들어 있다

흠잡을 데 없는 말쑥한 차림새 하며 셔츠 단추 하나 풀어놓지 않는 반듯함. 겉모습만 봐도 영락없는 교육자의 모습이었다. 어림잡아 50대 중반은 되었을 법한 남자는 1990년대에 사교육 시장에 뛰어들어 현재 100억대 자산을 자랑하는 학원 재벌로 성장했다.

"지금 메모를 하시는 건가요?"

"네, 필요할 때 봐야죠. 버릇이라서요."

이상하지 않을 수 없었다. 남부러울 것 없는 부자가 주섬주섬 펜을 꺼내 타인의 이야기를 받아적다니. 보통 사회적으로 입지를 다진 사람들은 누군가의 조언을 들어도 한 귀로 흘리는 일이 다반사였다.

실제로 내가 만난 사람들 대부분이 그랬다. 솔직한 조언을 건네도 기분 좋은 말에만 반응하고, 기분 나쁜 말은 들은 체도 하지 않았다. 오히려 어디 감히 훈수냐며 성을 내는 식이었다. 하지만 중년 남자의 태도는 수업시간에 필기를 하는 모범생처럼 사뭇 진지하기만 했다.

"평소에도 이렇게 기록을 열심히 하세요?"

"네, 도움이 된다고 판단이 서면요. 당장은 별 상관없는 이야기라도 좋은 문장이나 교훈, 떠오르는 느낌 같은 게 있으면 적어놔요. 그럼 언젠가는 쓰게 더라구요. 특히 수업을 하거나 사업을 확장할 때 도움이 됐죠."

솔깃했다. 임용고시에서 번번이 고배를 마신 남자는 학원 강사로 진출하며 바라던 학교 선생님의 꿈을 접었다. 가르치는 일을 누구보다 좋아했지만 당시만 해도 강사에 대한 인식이 그다지 좋지 않았다. 대학 동창회만 가도 분위기가 그랬다. 친구들은 하나같이 번듯한 초등학교 선생님이 되어 있는데 자신만 학원을 전전하고 있었던 것이다.

처음에는 '먹고 살아야지'라는 마음이 더 강했다. 하지만 이왕이렇게 된 일, 최고의 강사가 되자는 결심이 섰다. 그때부터였다.

마치 뭐에 홀린 듯이 기록을 하게 된 것은. 강의에 도움이 되고 학생을 늘릴 수만 있다면 그에게는 모든 이야기가 근사한 재료였다.

처음에는 학생들의 흥미를 끄는 데 주력했다. 안 그래도 따분할 텐데 웃으라도 오면 다행이다 싶은 생각으로. 다음에는 수학 공식 속에 유머를 녹여 넣었다. 아이들이 조금 더 수월하게 외울 수 있는 방식을 알려주기 위함이었다.

그러자 얼마 지나지 않아 엄마들 사이에 입소문이 퍼졌다. 처음에는 요점만 쏙쏙 뽑아 잘 가르치는 동네 학원 선생에서, 3년 뒤에는 지역에서 제일 유능한 스타 강사, 한참이 흐른 후에는 여러 학원을 운영하는 CEO가 되어 있었다.

그는 자신의 성공에 대해 이렇게 이야기했다.

"빽빽한 수첩이 집에 몇십 개는 쌓여 있어요. 버리지 않고 전부 모아놓았죠. 간혹 귀찮지 않냐는 질문을 받기도 하지만 제게는 분신 같은 존재예요. 펜을 집에 둔 채 깜빡하고 외출이라도 하면 그날은 중요한 단서를 놓칠까 봐 불안해요."

실제로 그는 부자가 된 지금도 손에서 펜을 놓지 않고 있다. 교육 포럼에 참석하더라도, 가볍게 지인을 만나더라도, 중요한 비즈니스 미팅을 하더라도 말이다. 뉴스를 보다가, 혹은 누군가의 얘기를 듣다가 남긴 그날그날의 성실한 기록들은 여전히 현업에서 건재하는 데 큰 힘이 되어주고 있다.

이제 대학 동문들은 더 이상 비웃지 않는다. 오히려 100억대 자산가로 살아가는 그를 부러워한다. 베스트셀러 《마시멜로 이야기》를 집필한 유명 작가 호아킴 데 포사다는 말했다.

"기록은 행동을 지배한다. 기록하는 것은 시신경과 운동 근육을 동원하는 일이기에 뇌리에 더 강하게 각인된다."

결국 삶을 움직이는 것은 우리의 손인 셈이다. 나는 지금도 나를 찾는 사람들의 태도를 유심히 관찰한다. 개중에는 가난한 사람도 있고, 부유한 사람도 있다. 그들의 태도를 보면 하나는 정확히 알 수 있다. 성공하는 사람은 무언가를 얻어가는 자세부터 다르다는 것이다. 그들은 두 눈을 반짝이며 턱을 바짝 당기고 적극적으로 이야기를 적는다. 한마디로 여우같이 자신의 몫을 챙긴다. 그리고 당장은 아니더라도 두고두고 곱씹으며 그 메모들을 언젠가 100% 자신의 운으로 만들리라.

작고 가벼운 내용일지라도 상관없다. 그곳에는 성공에 대한 열망은 물론 운명을 좋은 쪽으로 이끌고자 하는 의지가 가득하다. "기록은 행동을 지배한다"고 말했듯이, 꼼꼼히 기록하는 습관이 그들을 더 큰 부자로 만들어준다. 부족한 운을 메꾸고 채우는 기록들은 인생을 영화롭게 하는 변화의 마중물이 된다.

종잣돈으로
운을 굴리는 방법

    부자들은 하나같이 돈을 잘 불린다. 하지만 그만큼 유지도 잘했다. 어쩌면 벌어들이는 일보다 그것이 더 쉬운지도 몰랐다. 수중의 돈이 새어나가지 않게 굴리는 특별한 비법이라도 있는 것일까.

    대학생 때 방송국에서 인턴으로 근무한 적이 있다. 메인 작가나 담당 프로듀서가 아니어도 촬영현장에 가면 수많은 연예인을 만날 수 있었다. 그중에는 오랜 연기 생활로 건물주가 된 중년 방송인도 있고, 한 편의 작품으로 일약 스타덤에 오른 신예 배우도 있었다. 완벽하게 세팅된 모습만 보고 있노라면 그들의 숨겨진 뒷모습을 알기란 쉽지 않다. 하지만 평소 모습을 엿볼 수 있는 유일한 기회가 있었으니, 그것은 바로 회식 자리였다.

    한번은 땀을 잔뜩 빼고 달리는 예능 프로그램 촬영을 마친 후였다. 당시 나는 갓 스무 살을 넘긴 대학생 인턴. 그날따라 유난히 촬영이 고됐던 터라 숨을 몰아쉬던 차였다. 그때 높은 신망을 받는 선배 방송인 한 분이 다가오셨다.

"오늘 많이 힘들었죠? 너무 고생했어요."

어린 대학생 인턴이 궂은일을 하는 모습이 안타까워 보였을까. 생각지도 않은 용돈을 주시는 것이었다. 꽤나 두툼한 액수였다. 당시에는 돈을 받아들고 한참을 망설였다. 큰 어른이 주시는 돈을 어떻게 거절할 수 있단 말인가. 당시에는 그저 더 열심히 하라는 응원의 메시지로 듣고 기쁘게 촬영에 임했다.

그런데 시간이 흘러보니 그분이 잘된 데는 마땅한 이유가 있었다. 대외적으로 비치는 이미지만큼이나 훌륭한 인품을 지닌 것도 한몫을 했다. 하지만 내가 다시금 주목한 것은 그분의 지갑이었다. 아주 말끔하게 길이 잘 든 지갑에 현금이 두둑하게 들어 있었던 것이다. 물론 내게만 베푼 호의가 아니었다. 소위 어린 스태프들의 용돈이나 회식비로 줄기차게 현금을 고집하던 분이었다.

＊

그리고 10년 후, 나는 그 선배 방송인과 닮은 인물들을 여럿 마주할 수 있었다. 세월에 의해 멋스럽게 태닝된 가죽지갑 속에는 액수별로 준비된 지폐가 가지런히 들어 있었다. 현금 없는 사회로 나아가는 요즘 시대에 '두둑한 지갑'이라니 뜬금없는 소리가 아닐 수 없다.

물론 큰돈이 오가는 특수한 상황에서는 그들도 안전하게 전자결재서비스를 이용했다. 토지 매매나 부동산 거래, 신규사업 계약들이 그러했다. 하지만 그럼에도 매일같이 호신용 부적이라도 되는 것처럼 지갑 속에 일정액의 현금을 지니고 다녔다. 세종대왕과 신사임당이 그려진 1만 원권과 5만 원권은 물론, 퇴계 이황이 그려진 1,000원짜리 지폐도 예외 없이 그 안에 포함되었다.

'큰 부자면 현금 쓸 일도 없을 텐데.'

처음에는 그렇게 생각했다. 수행비서나 가사도우미가 있으니 어디 가서 직접 계산할 필요가 없을 것 같았다. 그런데도 왜 구태여 지갑 속에 지폐를 넣고 다니는지 이해가 되지 않았다.

하지만 그간 직·간접적으로 만났던 알짜배기 부자들에게 현금이란 단순히 금액으로 환산할 수 없는 그 이상의 의미가 있다는 사실을 알게 되었다. 주식이나 비트코인처럼 눈에 보이지 않는 가상의 가치가 아닌, 실제 보고 만지며 감각을 유지할 수 있는 경제관념적 가치가 지폐에 담겨 있었던 것이다.

사실 부자들이 현금을 두둑이 지니고 다니는 데는 다른 목적도 있다. 발레파킹을 맡길 때나 음식점, 미용실에서 친절한 서비스에 감사를 표하고 싶을 때, 다짜고짜 계좌번호를 불러달라고 할 수는 없는 일이다. 하지만 지갑에 현금이 있으면 당장 돈을 꺼내 언제든지 감사함을 마음껏 표현할 수 있다. 이런 보답과 베풂은 인심이 후해 가능한 일이지만 부자들에게는 일종의 안심이 되는 일이기도 하다.

실물의 돈을 만지고 느끼며 '돈의 감각'을 유지하고자 하는 부자들은 여러분 주위에서도 흔히 찾아볼 수 있다. 주로 큰 규모로 장사를 하는 분들에게 두드러진다.

3대째 이어져 내려온 유명 빵집이 있다. 지방 소도시지만 목 좋은 곳에 자리한 그 빵집은 하루 매출만 억 소리가 난다. 빵집 덕분에 도시 전체가 유명 관광명소가 되었을 정도다. 건물 하나를 사들여 통으로 매장을 꾸미고 하루에도 수백, 수천 명이 몰려와 빵을 사간다. 직원들이 1분 1초도 휴식할 틈이 없을 만큼 장사가 잘되는 곳이다. 매일 수없이 열리고 닫히는 매장 카운터의 계산함 위로 분주히 지폐와 동전이 들어오고 나간다.

그런데 매장 입구에 서서 매일같이 이를 지켜보는 사람이 있다. 바로 빵집을 창업한 1대 사장님, '창업주'다. 그곳은 몇 년 전까지만 해도 창업주가 종일 본점을 지켰다고 한다. 처음에는 매장을 자주 방문했던 지역 주민들조차 그가 1대 사장님이라는 사실을 알지 못했다. 다만 사업이 뒤늦게 유명세를 타면서 지역 신문을 통해 얼굴이 알려졌던 것이다.

'돈이 어떻게 흐르는지 보고 있는 거구나.' 그때 알았다. 창업주는 계산함을 지켜보고 있었던 것이 아니라 돈의 흐름을 익히고 있었다는 사실을.

　지역마다 그 지역을 대표하는 유명 가게들이 있다. 랜드마크로 여겨질 정도로 규모가 큰 기업형 음식점들이다. 수원에 있는 몇 층짜리 대형 왕갈비집부터 담양에서 입소문 난 원조 떡갈비집까지. 억 단위 월매출을 기록한다는 기업형 음식점의 창업주들은 마치 약속이라도 한 것처럼 카운터를 지킨다.

　이는 장사를 잘하는 분들, 탁월한 사업수완을 가진 분들의 두드러진 특징 중의 하나다. '월급이 통장을 스쳐 지나가는' 일반 직장인의 경우라면 당최 돈을 만져볼 일이 없다. 은행 앱의 계좌에 숫자가 찍히면 월급이 들어온 것이고, 거기에서 숫자가 줄어들면 돈을 쓴 것이니, '돈'의 개념은 그저 허공에서 사라지는 아라비아 숫자에 불과하다. 게다가 주식이다 코인이다 하는 요즘 유행하는 투자 역시 이쪽 숫자에서 저쪽 숫자로 이동하거나 혹은 숫자가 올라갔다 내려갔다 하는 것이 전부다. 한마디로 돈의 흐름을 촉감, 무게, 질감의 '감각'으로 느낄 수가 없다.

　그러니 현장에서 현금을 가장 많이 만지는 사람들이 더 빠르고 정확하게 돈의 흐름을 파악하고 장사의 맥을 짚는 것은 어쩌면 당연한 일이 아닐까. 돈이 들고 나는 융통을 눈으로 보고 만지고 느끼는 사람만이 돈에 관한 직감도 예리하게 훈련시킬 수 있을 것이다.

쉬운 예를 하나 들어보자. 당신이 월세를 내며 살고 있다. 매달 계좌로 월세 70만 원을 이체해왔는데 그날따라 전산 장애로 은행거래가 먹통이 되었다. 할 수 없이 현찰 70만 원을 직접 집주인에게 건네야만 했다. 똑같은 금액이라도 어쩐지 느낌이 다를 것이다. 손가락 터치 하나로 넘어가는 70만 원의 가벼움과, 손으로 무게와 부피를 체감하며 건네는 지폐 70장의 무거움이란.

똑같은 가치를 지닌 돈이라도 보이는 것과 보이지 않는 것의 차이는 이렇게 크다. 현금을 만지지 않고 전자상거래만 하다 보면 숫자에만 익숙해진 나머지 돈이 지닌 진짜 무게와 가치를 잊어버리기 쉽다.

부자들이 현금을 두둑히 가지고 다니는 이유가 바로 여기에 있다. 부자들은 기본적으로 돈에 대한 공포를 가지고 있다. 현금에 대한 감각을 잃어버리는 순간 자신도 모르게 실수를 하거나 복잡한 일에 휘말려 큰 손실을 입을 위험이 도사리고 있기 때문이다. 따라서 아주 적은 금액일지라도 현금은 늘 소지하는 편이 좋다. 돈에 대한 감각을 잃지 않기 위해서라도, 또 진짜 부자가 되기 위해서라도 말이다.

외국에서는 어떤지 모르겠지만, 우리나라에서는 보통 지갑을 선물할 때 그 안에 지폐 몇 장을 넣어주는 문화가 있다. 앞으로 돈이 잘 들어오길 바란다는 뜻, 즉 금전운이 좋아지라는 의미에서다. 웃으면 복이 온다는 속담처럼 돈을 가지고 다니면 운이 모여든다. 큰 금액이 아니더라도 지폐 몇 장이 자산을 크게 불리는 훌륭한 종자가 되는 것이다. 그렇게 부자들은 미래의 돈을 차곡차곡 불려가고 있었다.

미래는
먼저 읽는 자들의 것이다

　새로운 프로그램을 런칭하는 일은 말 그대로 실현 자체가 도박이었다. 제작비만 수억 원에 달하는 데다 스태프 여럿의 목숨이 달려 있으니 말이다. 쪽박 아니면 대박, 모 아니면 도.

　물론 시청률만 잘 나오면 행복한 일이었다. 인센티브도 나오고 포상휴가도 갈 수 있다. 어디 그뿐일까. 엉덩이만 무겁다면 회사 내에서 패스트트랙 승진도 보장된다. 하지만 만약 그 반대라면? 최악의 한 수다. 프로그램이 잘못되면 얻는 리스크가 히트했을 때 얻는 베네핏보다 갑절은 컸기 때문이다.

　"마이크 테스트했어?!"

　"스탠바이!"

　특히 생방송은 정글과 흡사했다. 시청자들에게 먹히는 방송을 만드는 과정은 스스로 평온한 멘탈을 갈아 넣는 일과도 같았다. 그만큼 치열했고 허무했다. 순간적인 착오나 판단 실수로 방송사고가 실시간 송출된다고 생각하면 자다가도 머릿속이 하얘지고 눈앞이 아찔해졌다. 엄습하는 뒷수습과 불호령에 대한 두려움은 말할 것도 없었다.

분명 그토록 바라서 들어선 길인데 왜 이토록 힘겨운 것일까. 매일같이 카메라 앞에서 미소짓는 연예인들이 새삼 대단하게 느껴졌다.

쳇바퀴 같은 하루가 다시 반복되었다. 즐거움을 선사하는 연예인과 프로그램을 만드는 프로듀서의 관계는 어찌 보면 공생을 위한 한시적 동맹관계 같지만, 어떤 순간에는 갑을관계가 되기도 한다. 하지만 적어도 조명이 꺼진 순간만큼은 그들과 하나가 되어 섞일 수 있었다.

*

촬영 휴식 시간에 최근 물오른 예능감으로 사랑받고 있는 개그우먼 C가 어두운 표정으로 앉아 있는 내게 다가와 고민이 있냐고 물었다. 그리고 이런저런 가벼운 말을 주고받다가 다시 되물었다.

"불안하지도 않으세요? 잘된다는 보장도 없는데, 배팅하는 거잖아요. 다른 연예인들은 본방 앞두고 잠도 못 자서 수면제를 몇 알씩 먹는다던데. 솔직히 이 바닥이 그래요. 한 치 앞도 내다볼 수 없는데 어떻게 아무렇지 않을 수 있어요."

C는 걱정으로 가득 찬 나에게 보란 듯이 충고했다.

"나는 하나도 불안하지 않아. 내가 안 믿으면 누가 나를 믿어줘요. 믿어도 될까 말까 하는 판국에…. 그렇게 불안해하면 잘되던 것도 풀리다 말아요."

그녀의 말이 옳았다. 정글같이 살벌한 연예계에서 거침없는 입 담으로 살아남기를 자그마치 10년. 강산이 변하고도 남을 시기에 C는 온갖 우여곡절을 겪고 고액의 출연료와 대중의 인기를 손에 넣었다. 그런 그녀를 성공으로 이끈 힘이 다름 아닌 믿음이었다 니. 솔직히 맥이 빠졌다. 지금의 굳건한 성공을 만들어낸 데는 뭔 가 거창한 묘수가 있을 거라고 기대했던 때문이다.

하지만 이제는 그녀가 한 말이 무슨 뜻인지 알 수 있다. 수많 은 사람의 운을 읽어내며 비슷한 성공 포인트를 깨달았기 때문이 다. 너무 흔하게 쓰다 보니 너무 닳아버린 말, '믿음'. 소위 성공했 다고 이야기할 수 있는 사람들은 하나같이 자신을 여기는 마음이 남달랐다. 오직 자신만이 허락할 수 있는 이 무한한 신념을 스스 로에게 기꺼이 내주고 있었던 것이다.

신기한 것은 부자들은 이러한 믿음을 행동으로 변화시킬 줄도 알았다. 바로 '자기암시'였다. 아로마 향초 사업으로 손에 꼽히는 자산가가 되었다고 밝힌 한 사업가는 자신이 경험한 자기암시의 비밀에 대해 이렇게 답을 들려주었다.

"전 아무도 안 믿어요. 오직 저만 믿어요."

"자기 자신만 믿는다니, 그럴 수가 있나요? 말로만 그러는 게 아니라 자기 자신을 믿을 수 있는 특별한 방법이라도 있으세요?"

"별거 아닌데요. 제가 아침마다 루틴처럼 하는 게 있어요. 되고 싶은 모습을 소리 내 말하는 겁니다. 그게 전부예요. 이렇게 되고 싶다면서 그리는 모습을 말로 외우는 거죠. '나는 뭐든 가질 수 있는 사람에 가까워지고 있다', '나는 오늘 하루도 성공을 향해 다가가고 있다' 뭐, 이런 문장이에요."

"아침마다 그렇게 하고 나면 확실히 뭔가 달라지나요?"

"네, 의미 없이 만든 단순한 문장 같지만 어떤 형태로든 암시를 걸고 있으니까. 처음에는 저도 긴가민가했어요. 그런데 과학적인 근거가 없다고 할지라도 소리 내 말하는 것 자체만으로 심리적인 효과가 있더란 말입니다. 매일매일 되고 싶은 모습을 머릿속에 떠올리고 루틴처럼 소리 내기를 반복하니까 평소에 하는 행동이나 생각들이 조금 더 그쪽으로 연결된다고 할까. 하여튼 사업도 연애도 잘 풀리는 것 같아요."

그의 말은 충분히 일리가 있었다. "사실 나는 성공할 수 있다", "나는 부자가 될 수 있다"라는 이야기는 굉장히 모호한 말이 아닐 수 없다. 얼핏 좋은 기운을 주는 긍정적인 표현 같지만, 어떻게 살아가겠다고 하는 방향성이 드러나지 않기 때문이다.

하지만 이와 반대로 "~에 가까워지고 있다", "~을 향해 다가가고 있다"라는 말은 그 의미가 또 다르다. 오늘도 내일도 가고자 하는 방향으로 근접해가고 있다는 목적성이 뚜렷하게 드러나기 때문이다.

그런데 돌이켜보면 생각보다 많은 사람이 '자기암시'의 효과를 누리고 있었다. 앞서 말한 촬영 휴식 시간에 용기를 주었던 C도 마찬가지였다. 그녀는 매일 아침 루틴으로 만들지만 않았을 뿐 입버릇처럼 자기암시를 걸고 있었다. C는 하루에도 수없이 많은 사람에게 "뭐가 걱정이야. 다 잘될 거예요" 이야기했을 것이다. 그리고 그 말은 C의 뇌가 가장 먼저 듣고 마음에 새겼다.

국제대회에서 금메달을 딴 스포츠 스타도 예외는 아니었다. 리우올림픽 펜싱 결승전에서 9 대 13으로 지고 있던 상황에 박상영 선수는 "할 수 있다"를 읊조리며 스스로에게 금빛 주문을 걸었다. 당시 관객석에서 들려오는 응원 소리를 듣고 똑같이 혼잣말로 중얼거렸다는 그는 정신을 가다듬은 끝에 15 대 14로 대역전극을 펼치며 금메달을 목에 걸었다. 태도와 자세를 뒤집음으로써 결과마저 바꿔버린 순간이었다.

·

　자수성가한 부자들에게도 이같은 루틴의 무한반복이 존재했다. 마치 좌우명과도 같은 다짐을 지갑 한쪽에 넣고 다니며 수시로 읽는가 하면, 매일 밤 잠들기 전에 자신의 1년 후를 읊조리는 사람도 있었다. 그것은 목표를 다지는 한 문장이기도 했고, 닮고 싶은 누군가의 얼굴이기도 했으며, 머릿속으로 각인된 어떤 장면이기도 했다. 어쨌건 돈과 성공을 바라는 열망은 매한가지였다. 열망이 아무리 강해도 마음속에 품고만 있어서는 아무 소용이 없다. 자신에게만 들릴지라도 말로 하고 글로 써서 몸 밖으로 끄집어내야 한다. 그래야 몸이 그 방향을 따라 움직인다.
　세속적으로 눈에 보이는 것만 믿었던 시절에는 이런 자기암시 수행법이 말장난 같다고 생각했다. 그러나 이제 보이지 않는 운의 세계로 들어와 보니 저마다가 가진 믿음을 있는 그대로 존중할 수 있게 되었다.
　당신이 무언가를 간절히 믿고 있다면 다른 누군가의 믿음이 거짓으로 보일 수 있다. 하지만 그 말은 반대로 상대가 보았을 때 당신의 믿음 또한 거짓으로 보일 수 있다는 뜻이다.

전적으로 신뢰하는 마음이라는 게 과연 존재할까 의심했던 나는 이제는 안다. 사람들에게는 그런 100%의 믿음이 분명 존재하고, 그것이 상상 이상의 커다란 성공을 불러온다는 사실을. 또 스스로를 귀하게 여기며 받드는 방법을 알지 못하면 세상에 그 어떤 운도 따르지 않는다는 진리도 말이다. 물론 '돈'에 관한 것은 두말할 필요도 없다.

부자들의 이기적인 기도법,
'자시기도'

"좋은 운을 불러들이는 방법이 있을까요."

운을 읽게 되면서 이런 질문을 수도 없이 많이 받는다. 그럴 때마다 한결같이 거르지 않고 제안하는 것이 하나 있다. 바로 '자시기도'다. 그러면 반응은 대부분 이렇다.

"자시가 뭐죠? 일단 저는 종교가 없는데요."

그러면 나는 간단한 주의사항을 일러준다.

"상관없어요. 자신이 잘되길 바라는 마음이 중요해요. 기도의 주체는 언제나 나 자신이거든요."

'자시子時'는 밤 11시부터 오전 1시를 가리키는 말이다. 옛날 사람들은 시간에 12가지 동물의 이름을 붙였다. 24시간을 2시간씩 나눠서 자축인묘진사오미신유술해子丑寅卯辰巳午未申酉戌亥로 알려진 십이지十二支로 이름을 붙인 것이다. 12가지 동물들이 활동하는 시간대와도 연관이 있는데, 그중 하루의 시작이자 가장 처음에 나오는 시간이 '자시'다. 축시니 묘시니 하는 말은 이제 거의 쓰지 않지만, 여전히 오시午時에 해당하는 오전 11시부터 오후 13시 사이의 12시를 '정오', 자시子時에 해당하는 저녁 23시부터 새벽 1시 사이의 12시를 '자정'이라고 부른다.

자, 그렇다면 '자시기도'를 어떻게 하느냐. 일단 대상도 형식도 필요 없다. 꼭 자시에 기도를 권하는 이유는, 운을 증폭시키기 위해서다. 현대인의 생활패턴으로는 얼핏 저녁 같은 느낌이다. 하루를 무사히 마무리하고 잠드는 시각이기 때문이다.

하지만 십이지에서 자시는 다음 날로 넘어가는 시간대다. 오늘이 끝나고 내일이 시작되는 시간. 이때는 마음을 가라앉히고 차분히 몰입할 수 있다. 집중력이 가장 좋은 시간에 드리는 기도이니 그 효과 또한 빠르고 확실하다.

＊

일반적인 기도에는 주어가 없다. 대개 하느님, 부처님 등 기도를 들어줄 대상을 부르는 게 보편적이다. 하지만 자시기도는 자기 자신에게 하는 기도여서 내가 누구인지 주체를 밝혀야 한다. 종교를 가진 사람이라면 평소 당신이 믿고 있는 어떤 이름을 불러도 괜찮다. 자시기도에서 중요한 점은, 기도를 하는 주체인 자신에게 집중하는 것이다. 기도를 듣는 대상이 아니다. 또 결국 기도를 이루어주는 존재 또한 신이 아니라 염원하는 나 자신이다. 오직 내가 잘되기를 바라는 마음에서 우러나오는 특별한 행위이기 때문이다.

방법은 간단하다. 먼저 이름을 밝힌다. "저는 ○○○입니다"라고 말이다. 그다음 자신이 처한 상황을 구체적으로 이야기하고, 이어서 바라는 목적을 명확히 제시한다. 중요한 것은 반드시 소리를 내어야 한다는 것이다.

"그런데 왜 꼭 소리를 내야 해요?"

"그냥 일기장에 글로 써도 되지 않나요?"

생각보다 반신반의하는 사람들이 많다. 하지만 익히 기도의 효과를 경험했던 나는 입가에 힘을 주어 답한다.

"맞아요. 보통은 일기를 쓰기 마련이죠. 하지만 그렇게 되면 감추고 속이는 것들이 많아져요. 손글씨는 생각의 속도를 따라잡지 못하거든요. 떠오르는 마음을 글로 매만지다 보니 오히려 생략하게 되는 것들이 많아지죠. 반면에 입으로 기도를 하게 되면 필터를 거치지 않은 진실된 마음이 그대로 쏟아져 나와요. 자신이 처한 상황을 그 어떤 방법보다 명확히 알 수 있어요."

"이름을 밝히는 것도 비슷한 맥락인가요?"

"네, 맞아요. 자신이 누구인지를 재확인하는 순간 마음가짐이 달라지거든요. 내가 누구인지를 정확히 인지한 다음에 자신의 상황과 바람을 기도하기 때문에 있는 그대로를 바라보고 움직일 수 있어요."

"아, 결국 내가 나를 위해 하는 기도인 거네요."

"그럼 셈이죠."

여기다 몇 가지 조언을 덧붙이자면, 상황과 목적이 반드시 뚜렷해야 한다. 로또 당첨이나 일확천금, 벼락부자 같은 내용은 안 된다. 반드시 가까운 시일에 일어날 수 있는, 구체적이고 현실적인 내용이어야 기도가 성립한다는 것이다.

매일 자시가 되면 잠자리에 들기 전에 차분한 마음으로 기도를 바친다. 그리고 6개월이 지난 후에 이 기도를 그대로 텍스트화한다. 글로 옮겨 적으면서 상황이 반전되었는지, 기도가 이루어졌는지를 체크하는 것이다.

누군가 이에 대해 다시 질문했다.

"처음부터 글로 쓰지 않고 6개월 후에 하는 건 왜죠?"

"실현한 내용을 점검하기 위해서예요. 6개월 동안 자신의 목소리로 들려주었던 상황과 바람을 노트에 그대로 적는 거죠. 그리고 조금이라도 변화가 나타났다면 그 밑에 답글을 달아요. 현재는 어떻게 상황이 바뀌었는지, 바람은 실제로 이루어졌는지. 해결되지 않았다면 반복해 기도를 한 후 6개월 후에 다시 체크하는 거죠. 힘든 상황이나 문제만 뭉뚱그려 토로하는 것이 아니라 다음 스텝을 기약하며 밑그림을 그리는 작업이에요. 기도를 드리는 주체도 나, 기도를 듣는 대상도 내가 되는 거죠."

직장인 K는 회사에서 곤란한 상황에 처해 있다. 회사가 요구하는 과중한 업무를 도무지 감당할 수 없었던 것이다. 그래서 그런 힘든 상황을 자시기도로 고백한 후 변화되길 바라는 개인의 바람을 이야기했다. 자연스럽게 팀에서 분리되는 이동운을 주시거나, 이직할 수 있는 문서운을 던져달라고 말이다.

6개월 후, K는 노트를 펼치고 매일같이 외우던 기도를 적었다. 그 밑에는 상황과 염원에 대한 기도의 결과를 각각 답글로 달았다. 그러자 신기하게도 자시기도를 꾸준히 하자 괴로웠던 매일의 업무에 변화가 보였다.

K는 직장인의 법정근로시간, 1일 8시간을 초과하는 생활을 하고 있었다. 기도를 통해 무리한 업무가 가장 큰 문제라는 것을 직시했고, 그 사이 무의식적으로 조금씩 움직임을 만들어냈다. 먼저 자신의 근무시간을 월 단위로 계산해 근로시간을 초과했음을 상사에게 보고했다. 주어진 업무량이 혼자서 처리하기에 무리가 있

다는 것도 함께 이야기했다. 그러자 상황이 달라졌다. 상사는 업무를 조정하는 방법으로 K의 일을 다른 직원과 함께 분담하도록 했다. K는 그것만으로도 일단 숨통이 트이는 것 같았다.

K는 그사이 이직의 기회를 노리며 자기계발도 게을리하지 않았다. 틈틈이 했던 영어 공부는 이제 수준이 꽤 높아져 마음만 먹으면 얼마든지 이직도 가능했다. 하지만 전후 사정을 회사에 알린 덕분에 과중한 업무 부담이 이미 절반으로 줄어들었고, 영어 실력을 발휘할 기회가 많은 현재 회사에 남기로 결심했다.

만약 자신이 처한 상황도 파악하지 못한 채 짜증만 늘어놓았다면 어떻게 되었을까. 불행한 처지를 한없이 비관하면서 마지못해 다니는 심정으로 직장생활을 하고 있지는 않았을까.

K도 불행하고 회사도 불행한 일이다. 현실에 놓인 상황만 제대로 인식해도 인생은 이토록 크게 달라진다. 돈도 마찬가지다.

·

수년째 연봉이 오르지 않는 직장인 L이 있었다. 매월 25일에 월급을 받고 있었지만, 통장 잔고는 늘 마이너스다. 평생 집 한 칸 마련할 수 있을지 걱정이 되었다. 대출금리도 오르고 물가도 오르니 연봉이 제자리라는 의미는 곧 삭감과도 같았다. '월급 빼고 다 오르는' 세상에서 소득은 제자리걸음이고, 증시 불황으로 투자로 묶어둔 돈까지 얼어붙었다. L은 스스로 절대 부자가 될 수 없을 거라고 자포자기하고 있었다.

하지만 그녀는 내 이야기를 듣고 밑져야 본전이라는 생각으로 자시기도를 실천했다고 말했다. 매일 밤 자시가 되면 두 손을 모아 지금보다 더 많은 돈이 생기기를 구체적으로 염원한 것이다.

바로 6개월 전에는 이렇게 기도했다.

주체 : "제 이름은 ○○○입니다."

상황 : "물가는 오르는데 연봉에 변화가 없어요. 돈이 모이지 않아 걱정이에요."

바람 : "시간에 구애받지 않는 나만의 부업을 찾게 해주세요."

6개월 후 그녀가 노트에 적은 기도 내용과 변화 상황이다.

주체 : "제 이름은 ○○○입니다."

상황 : "물가는 오르는데 연봉에 변화가 없어요. 돈이 모이지 않아 걱정이에요."

▸ 회사 평균 연봉 인상률을 파악하고 영업 실적을 올리는 데 치중했다.
  하반기 영업 실적이 좋아 인센티브를 받았다.

바람 : "시간에 구애받지 않는 나만의 부업을 찾게 해주세요."

▸ 온라인 마켓을 열어 공동구매를 진행했다. 약간의 마진을 붙여 팔

평범한 회사원 L은 기도를 통해 깨달았다. 돈을 벌기 위해서는 수익을 늘리거나 지출을 늘리는 방법밖에 없다는 사실을. 먼저 자신이 근무하고 있는 회사의 연봉 인상률을 따져보았다. 앞으로도 딱히 큰 기대를 걸기 어려웠다. 따라서 영업 실적을 올리는 데 더 많은 노력과 시간을 쏟았다. 엄청나게 큰 금액은 아니었지만 하반기 실적이 좋아서 인센티브를 받았다. 예상치 못한 수입이라 한 푼도 쓰지 않고 적금을 들었다.

L은 월급 이외에 수입을 만들어낼 다른 방법을 생각하기 시작했다. 그리고 염원한 대로 퇴근 후에 할 수 있는 일이 무엇인지 고민했다. L은 평소 블로그를 통해 자신의 일상을 기록했는데, 주요 방문자는 젊은 여성들이었다. 특히 L이 쓰고 있는 마스크팩이나 화장품 브랜드 등에 크게 관심을 보였다. L은 거기서 힌트를 얻었다.

'그래, 온라인 마켓을 열자.'

그렇게 자신이 직접 효과를 본 화장품을 블로그에 소개하고 공동구매를 진행해 조금씩 마진을 남기기 시작했다. 물론 처음부터 큰돈을 번 것은 아니었지만, 본업 이외의 수입을 창출했다는 점에서 큰 성취감과 자신감을 얻었다.

자신의 상황을 명확히 바라본 기도가 이처럼 큰 변화를 가져다 주었다. L은 자시기도의 효과를 몸소 확인하고 뒤늦게 나에게 감사의 인사를 전해왔다. 그녀는 이제 매일 밤 자시기도를 잊지 않는다. 당연한 습관이 되었다고 했다. 한번 효과를 확인했으니 더욱 구체적으로 자신을 위해 기도한다.

지나간 어제가 아니라 펼쳐질 오늘의 일. 그렇게 생각하자 정신이 맑아진다. 또렷한 목소리로 이름을 밝힌다. 그리고 처한 상황을 자세히 털어놓는다. 그다음 진실로 바라는 것을 염원을 담아 이야기한다. 그렇게 매일 기도하며 6개월을 기다려본다. 이제 노트에 적는다. 자신을 위해 바치는 이 간절한 기도가 거짓말처럼 이루어져 있기를 소망하며.

어떤 문제든 가장 먼저 해야 할 일은 상황을 정확히 인지하는 것이다. 그런 의미에서 자시기도는 하늘이 이루어주는 기도가 아니다. 스스로 자신의 해답을 찾아가는 기도이다.

돈을 부르는
물상 연습

1인 창업으로 자산을 크게 불린 한 사업가가 있었다. 그런데 초기에만 해도 잘 풀리던 그녀의 건강주스 사업이 얼마 가지 않아 큰 위기를 맞았다. 비슷한 컨셉의 유사 브랜드들이 우후죽순 생겨나 경쟁이 과열되고 수익률이 떨어져 점차 하향세를 타게 된 것이다.

사업이 점점 기울어가자 그녀의 시름도 깊어졌다. 하는 수 없이 운을 읽고자 자주 발걸음했다.

그러던 어느 날이었다. 당분간 경영 일선에서 물러나겠다고 밝혔다. 앞으로 어떻게 사업을 꾸려나갈지 고민이 깊어진 데다, 실패로 인한 충격에서 빠져나올 시간을 갖고 싶어서였다. 그녀는 가맹점들의 매출 하락을 분석하느라 밤잠도 못 자고 내내 고통스러웠다고 했다. 그렇게 한동안 발걸음이 뚝 끊겼다.

거의 반년만이었다. 그녀의 표정이 확연하게 달라져 있었다. 다크서클이 가득했던 눈에 의욕이 넘쳐흐르고, 거무튀튀했던 뺨은 복숭아빛으로 맴돌았다. 나는 확신할 수 있었다.

'좋지 않던 운에서 스스로 빠져나왔구나!'

질문을 던지려던 찰나였다. 오랜만에 만난 그녀가 먼저 이야기를 꺼냈다.

"요즘 새로운 일을 시작했어요. 매장도 정비 중이구요."

"다시 사업을 하시는 거예요? 한동안 경영에서 손 놓으신다더니 잘됐네요."

"아뇨, 그게 아니에요. '성공하는 연습'을 하고 있어요, 그것도 매일."

안색이 환해진 이유가 바로 여기 있었다. 그리고 뒤이어 들려주는 이야기는 흥미로웠다.

그녀는 한동안 건강주스 사업이 한풀 꺾이자 극도의 우울감에 빠져 있었다. 매사 무엇을 하더라도 실패할 것 같은 기분에 사로잡혔던 것이다. 하지만 쉽게 무너질 배포가 아니었다. 무채색 감정에 잠식당하기 전에 집 앞 헬스장으로 서둘러 걸음을 옮겼다.

난생처음 운동을 시작했다. 처음에는 2킬로그램짜리 덤벨도 힘들었다. 그런데 차츰 근육이 붙기 시작하더니 몰라보게 가볍게 느껴졌다. 나중에는 10킬로그램도 거뜬히 들게 되었다. 몸은 죽을 만큼 힘들었지만 해냈다는 쾌감이 짜릿했다. 그렇게 단계별로 성공을 경험한 끝에 다시 마음을 다잡고 사업을 재개할 수 있었다.

다른 브랜드들과 차별화된 전략으로 매장을 새롭게 리모델링하고, 다양한 열대과일을 믹싱한 메뉴로 젊은 고객들의 취향을 저격했다. 그렇게 사업가는 운동이라는 작은 성공을 매일 경험하며 더 큰 성공을 준비하고 있었다.

물론 정반대의 경우도 있다. 한번은 대기업에서 일하는 차장이 찾아와 조언을 구했다. 그는 번번이 승진에서 밀리고 있는 마당에 신규 프로젝트를 맡아 눈앞이 캄캄하다며 불안을 감추지 못했다. 자식들의 학년이 올라가는 만큼 사교육비도 갈수록 뛰어올랐다. 그럴 때마다 제자리걸음 중인 자신이 두려웠다. 임원은 못 해도 부장으로 진급을 해야 마음이 놓일 것 같았다. 그렇게 되면 기본인상률과 성과인상률을 포함해 최소 9% 정도의 연봉인상을 기대해볼 수 있으리라.

실제로 그는 몇 년간 운이 꺾이는 흐름에 놓여 있었다. 하지만 올해만 어떻게든 버티고 나면 이 불구덩이에서 빠져나올 수 있는 좋은 그림이 그려졌다. 그래서 나는 솔직하게 조언했다.

"곧 좋은 흐름으로 바뀔 거예요."

"네?"

"그러니 무엇이든지 기회를 꼭 잡으세요. 매사에 최선을 다하셔야 합니다. 지금부터 차근차근 준비하시면 분명 좋은 길이 열릴 거예요."

"제… 제가, 해낼 수 있을까요?"

"그럼요. 좋은 소식이 생기면 들려주세요."

남자는 떨고 있었다. 그러고는 수심 가득한 얼굴을 하고 집으로 돌아갔다.

어느덧 해가 바뀌었다. 남자에게서 연락이 왔다. 조언을 건넸던 바로 그 차장이었다. 하지만 어쩐지 목소리가 가라앉아 있었다.

뒤늦게 이야기를 전해 들은 나는 안타까움을 금하지 않을 수 없었다. 사실 그는 운이 좋아질 것이라는 이야기를 들었을 때 날아갈 듯한 마음보다 걱정이 더 컸다고 한다. 지금까지 무엇 하나 제 손으로 성공한 것이 없었기 때문에, 과연 스스로 잘해낼 수 있을지 의문이 들었다는 것이다.

그도 그럴 것이 남자는 발전이 없었다. 남들 출근하는 시간에 지각을 하고, 남들 하는 만큼 적당히 에너지를 쓰고. 그렇게 눈치만 살피다 퇴근하기를 반복했다. 말단 사원에서 차장으로 올라가는 데는 별다른 노력이 필요하지 않았다. 시간이 가면 저절로 쌓이는 연차순으로 직함을 달았을 뿐이었다. 한마디로 차근차근 스스로 성공을 이루며 걸어온 것이 아니라, 그저 자리만 살뜰히 보존하며 살아왔던 것이다.

두려움은 곧 현실이 되었다. 결국 혼자서 어떤 성공도 경험해보지 못한 남자는 신사업 프로젝트를 실패하고 말았다. 승진의 기회가 저 멀리 날아간 후였다.

＊

그때 깨달았다. 성공도 해본 사람만이 할 수 있다는 것을. 그에게는 분명 좋은 운이 오고 있었다. 하지만 아무리 좋은 운이 찾아와도 잡지 못하면 헛수고다. 좋은 운을 붙잡고 제 것으로 만들어 크게 불리는 사람이 있는가 하면, 반대로 전부 놓치거나 운에 눌려버리는 사람이 있다.

운을 붙잡는 힘은 어디에서 올까? 앞서 운동을 통해 스스로 나쁜 운에서 빠져나온 사업가처럼 작은 성공을 차곡차곡 쌓아 성공의 근력을 키우는 데서 나온다. 큰 성공은 아스라한 별처럼 닿을 수 없는 미지의 세계지만, 작은 성공은 조금만 노력하면 맛볼 수 있는 무한대의 세계이다.

사실 우리는 매일같이 성공을 경험하고 있다. 이른 아침 울리는 첫 번째 알람에 눈을 뜨는 것도 성공이다. 출근 시간에 맞춰

늦지 않게 회사에 가는 것도 성공이고, 그날 자신에게 주어진 업무를 무사히 해내는 것도 성공이다. 우리는 매일같이 반복되는 이 무수한 성공을 통해 앞으로 조금씩 나아간다.

　그러니 사소한 것이라도 상관없다. 대단한 결과를 가져다주지 않아도 괜찮다. 저녁마다 꾸준히 경제기사를 읽는 것도, 한 달에 1킬로그램씩 감량하거나, 주말에 가족을 위해 맛있는 쿠키를 굽는 것도 좋다. 그저 조금씩 꾸준하게 성공을 경험하고 자신을 칭찬하는 것이 중요하다. 그럼 어느샌가 확신하게 된다.

　'운이 성공을 부르는 게 아니라, 성공이 운을 부르는 거구나.'

　당신이 생각하는 것보다 부자들은 훨씬 부지런하다. 평범한 사람들이 부자가 되기 위한 어떤 시도도 하지 않고 있는 사이, 그들은 더 큰 부자가 되기 위해 오늘도 크고 작은 성공을 늘리고 있다.

기가 세면
성공에 유리할까?

성공한 사람들이 보통은 아닐 거라는 생각을 누구나 한 번쯤 해보았을 것이다. 저렇게 아득바득 부자가 되었다면 뭐가 달라도 다를 것이라고. 대개 뉘앙스만 다를 뿐 이야기의 결론은 비슷했다.

"세상 지독한 사람일 거야."

"찔러도 피 한 방울 안 나올걸."

부자들은 언제나 한 기운 하는 사람들, 하나같이 성격이 괴팍하거나 드센 사람들로 묘사된다. 실제로 순두부처럼 약한 멘탈로는 부자가 될 수 없다고 말하는 사람도 있었다.

하지만 운의 세계에서도 같은 법칙이 적용될까? 적어도 내가 아는 세계에서 접한 부자들의 '기氣'는 전혀 다른 차원의 내공을 이르는 말이었다.

가요계에서 최정점을 찍은 인물이 있다. A는 10대 시절부터 데뷔해 일찍이 아이돌로 대성공을 거두었다. 국내 정상의 음악 프로그램을 휩쓰는가 하면 방송국 여말 시상식에서도 대상을 수상했다. 몇 번의 열애설이 터지기도 했지만, 실력과 끼를 겸비한 덕분에 하는 것마다 대박을 터뜨렸다.

껄렁껄렁한 태도는 약점보다 되려 무기가 되었다. 들불처럼 일어난 두터운 팬심이 귀여운 악동 이미지를 만들어주었고, 어떤 루머도 그 단단한 성벽을 무너뜨리는 법이 없었다. 타고난 친화력으로 거미줄 같은 인맥을 확보했고, 휴식기에는 개인 사업을 벌여 영역을 확장했다. 그런대로 사업도 잘 풀렸다. 수백억대 자산에 고급 주상복합아파트, 한순간도 식을 줄 모르는 인기…. 남부러울 것 없는 인생이었다. 마치 황제의 군림과도 같았다.

그는 언제나 넘치는 카리스마로 좌중을 압도했다. 행동에는 여유가 흘렀고, 따르는 무리가 많았다. 하지만 시간이 지나며 그의 강점은 본래의 빛깔을 잃기 시작했다.

얼마 후, 사건이 터졌다. 그는 돌이킬 수 없는 한 번의 실수로 구설에 휘말리며 연예계에서 퇴출되었다. 전속 계약을 맺었던 광고주들은 곧장 손절을 시작했고, 출연 중이던 프로그램에서도 자진 하차가 결정되었다. 방송 관계자들이 하나둘 수근대기 시작했다.

"이제 연예계 생활은 끝났네."

"살다 살다 쟤가 망하는 날이 오네."

서로 얼굴을 아는 사이에 걱정이 되었다. 사람들 말처럼 혹시 잘못 마음을 먹기라도 하면 어쩌나 신경이 쓰였다. 그리고 얼마 지나지 않아 A의 소식을 어렵사리 들을 수 있었다. 바깥출입도 하지 않는다던데 피골이 상접해 있지는 않을까. 눈물을 쏟으며 은퇴 수순이라도 밟는 것은 아닐까. 하지만 나의 기우는 보기 좋게 빗나갔다.

놀랍게도 그는 집에서 열심히 외국어 공부를 하고 있었다. 영어? 갑자기 뒤통수를 맞은 기분이었다. 역시 멘탈이 뭐가 달라도 달랐다.

사건이 터지자마자 그가 제일 먼저 떠올린 생각은 '해외 진출'. 최종적으로 외국에 나가 제2의 인생을 살아갈 준비를 하고 있었다. 보통 사람이라면 연예계 생활이 끝났으니 몸도 마음도 무너지기 마련일 텐데. 다른 인생을 구상하고 있는 발상부터가 실로 대단하지 않을 수 없었다. 그의 넘치는 평정심이 두렵게 느껴질 정도였다.

하지만 B의 경우는 달랐다. 그는 대국민 트로트 오디션을 통해 성공적으로 데뷔한 인물로, 사실 프로듀서 입장에서 봤을 때 후보군 중에 첫인상은 제일 꽝이었다. 지나치게 여유를 부리는 태도가 마음에 들지 않았다. 보통 오디션 프로그램에 참여하는 출연자들은 방송국 관계자들 눈에 들기 위해 최대한 예의를 차리고 말을 아낀다. 또 오디션에서 우승해야만 가수로 데뷔할 수 있기 때문에 엄청나게 긴장할 수밖에 없다. 지원자들은 무대 순서를 기다리며 두 손 모아 기도하기도 하고, 마침 목숨이라도 걸겠다는 듯이 결의를 다지기도 한다.

그런데 이 와중에 B는 작가들과 농담을 나누고, 전혀 긴장하는 기색 없이 무대를 즐겼다. 그런 B의 모습이 너무나도 평화로워 신인이 맞나 의심이 될 정도였다.

'저 사람은 참 거만하구나'라는 생각이 먼저 들었다. 하지만 이 또한 나의 섣부른 판단이었다. 초반에는 뒤처지는 것 같았다. 하지만 흔들리지 않고 한결같이 무대에 임했다. 그러자 후반부에 다가갈수록 그의 평정심이 놀라운 힘을 발휘했다. 극도의 긴장감 때문일까. 잘하던 후보들도 생전 안 하던 실수를 연발하거나, 제 실력을 발휘하지 못하고 무대에서 내려왔다.

그 와중에 B는 변함이 없었다. 오디션이 마지막 회차를 향할 때까지도 전혀 들뜨지 않았다. 결국 그는 이 기세를 몰아 선두를 치고 1위를 거머쥘 수 있었다. 그때 알았다. 거만했던 것이 아니라 그저 여유로웠다는 것을. 그는 지금 부르는 게 값일 정도로 대중에게 큰 사랑을 받고 있다.

흔히 성공하는 사람들은 기가 세다고들 한다. 반은 맞고 반은 틀리다. 일희일비하는 우매한 기운만 가지고서는 결코 왕좌의 무게를 감당할 수 없다. 그렇다고 자기주장이 너무 강하거나 공격적인 태도가 '기가 세다'는 의미는 아니다. 그런 사람은 오히려 하수에 속했다. 자극에 반응하는 순간 상대에게 수를 읽혀 경을 치는 일이 생길 수 있기 때문이다.

그런 면에서 보면 A와 B 모두 기가 셌다. 어떤 외부 자극에도 동요되지 않는 평정심이 그들에게 돈과 인기라는 빛나는 성공을 물어다 주었다. 하지만 A는 평정심을 기만하는 실수를 범했고, B는 평정심을 경계하는 완덕을 보였다. 같은 평정심이라도 전혀 다른 물상이 두 사람의 운명을 가른 것이다.

사실 진짜 기가 센 사람은 온화하다. 바로 디즈니의 인기 캐릭터처럼 말이다. 디즈니 캐릭터들은 자기 주관이 또렷하다. 그리고 매사에 자신감이 넘친다. 예민하게 날을 세우거나 센 척하지 않는다. 굳이 발톱을 세우지 않아도 어디서든 인정받을 수 있는 것처럼 무슨 일을 해도 결과가 따른다. 바로 B의 경우처럼 말이다.

부자들 가운데 기가 세지 않은 사람은 잘 없다. 다만 이 넘치는 기개를 어떻게 쓰느냐에 따라 좋은 운이 달라붙기도 하고 달아나기도 할 뿐이다.

뭘 해도 안 풀리는
사람들의 특징

　바쁜 현대인들은 태어나는 순간부터 '긍정의 압박'을 받으며 살아간다. '항상 감사하며 살아가자', '행복은 우리 곁에 있다'라는 식으로 압박을 받으면서 말이다.

　때로는 그런 자세도 필요하다. 하지만 코앞에 직면한 어려움을 잠시 잊기 위한 눈가림일 뿐, 근본적인 해결책이 되어주진 못한다. 전혀 그렇지 않은 현실을 그렇다고 믿는 당의정에 불과한 것이다. 특히나 돈과 성공의 카테고리에서 그런 거짓은 전혀 통하지 않는다. 안타깝게도 먹고사는 문제는 생사와 직결되는, 즉 포장할 수 없는 주제라서다.

지금 유미의 현실이 고통스럽다. 어느 날 눈을 떠보니 가난한 집안의 딸로 태어나 있었다. 어머니는 청각장애로 아무 소리도 들을 수 없고, 아버지는 세탁수로 근근이 생계를 잇고 있다. 앞으로 펼쳐질 미래가 까마득하기만 하다. 그래도 어려운 환경 속에 성적은 그럭저럭 잘 나왔다.

어느덧, 대학에 가야 할 시기가 찾아왔다. 하지만 유미는 사랑을 채 알기도 전에 배신감부터 맛보아야 했다. 일상이 송두리째 무너지며 그토록 바라던 명문대 입학에 실패했다. 재수학원을 전전했지만 문턱에서 좌절했다. 결국 눈 가리고 아웅 하던 유미는 거짓으로 대학생 행세를 하는 지경에 이르렀다. 결국 학력과 과거를 속여 대학 강단에 서고, 성공한 사업가와 결혼까지 한다. 숨 가쁜 거짓말이 하나둘 늘어나면 늘어날수록 유미의 불행도 눈덩이처럼 몸집을 키우고 있었다.

실재의 인물이 아니다. 화제를 모았던 드라마 '안나'의 줄거리다. 최종회를 보지 않더라도 거짓말이 불러올 파국을 누구나 쉽게 예상할 수 있다. 그렇다면 유미는 어떻게 살아야 할까. 불행 속에서도 '나는 행복한 사람이야', '나는 감사한 사람이야'를 외치며 우두커니 긍정만 외쳐야 할까. 하지만 인생은 그렇게 호락호

락하지 않다. 옳다고 생각만 해서는 조금도 나아지지 않는다.

이럴 때 할 수 있는 말은 딱 하나다.

"긍정적이기보다 현실적이 되어라."

오금이 저리고 심장은 뛰겠지만 현실을 직시하는 편이 낫다. 생각해보라. 긍정으로 둔감한 고통 속에 영원히 머물러 사는 것보다야, 뼈아파도 현실과 부딪혀 벗어나는 편이 낫지 않은가.

'나는 돈 없는 집 딸이야. 그러니 정신 바짝 차려야 해'라는 생각으로 악착같이 삼수에 몰입했더라면, 고장나버린 유미의 인생은 지금쯤 날조된 불행이 아닌 진실된 행운에 맞닿아 있을지도 모른다.

감정적으로 화가 났을 때도 그렇다. 상대가 큰 잘못을 저질러 화가 나 있는데도 저 사람을 마냥 용서하고 넘어가주는 것은 미덕이 아니다. 상대와 교감에 문제가 생겼을 때는 일단 부딪쳐 끝을 보는 것이 좋다. 그래야 오히려 뒤탈이 생기지 않고 빠르게 해결되는 경우가 많았다.

회사에서도 마찬가지다. 사람들은 사회생활 가운데서도 긍정을 한껏 장착해야 한다는 압박감을 느끼며 일을 한다. 속마음은 당장 사표를 쓰고 싶을 만큼 힘이 드는데도, 온화한 미소를 띠며 고운 말씨와 태도를 유지하는 것이다. 그러다 보니 좋은 사람이라는 평가를 받을지는 몰라도 자신의 속이 곪아가는 현실은 외면해버린다. 결국은 손해라는 소리다.

·

　최악의 상황에서 긍정은 필요치 않다. 그지 자신의 자아를 하루라도 빨리 현실적으로 바꾸는 것이 중요하다. 애석하게도 부자들 가운데 긍정적인 사람은 잘 없다. 적어도 이제껏 내가 만난 부자들은 그랬다. 그렇다고 해서 일부러 부정적인 태도를 가져야 한다는 뜻은 아니다.

　단지 그들은 돈에 있어 놀라우리만치 현실적이며, 특유의 냉철함으로 삶을 주도해간다. 철저하리만큼 이기적으로 자신 하나만을 생각했다.

　그런 면에서 드라마 속 유미는 현실감이 부족하다. 그래서 본질적으로 안나가 될 수 없다는 것을 알면서도 부잣집 딸이라는 긍정의 거짓말을 자신에게 주입시켰다. 위급한 상황이 닥칠 때면 거짓말, 또 거짓말로 위기를 모면했다. 처음부터 의도한 바는 아니었다. 다만 되돌리기에는 이미 너무 멀리 와 있었다. 비현실을 살아가는 유미의 잘못이었다.

　"이제 기회를 노리지, 행운을 믿지는 않아."

　유미가 드라마 초반에 뱉은 대사다. 수많은 사람 가운데 행운이 자신을 비켜났다는 의미였지만 사실 행운을 가장 먼저 외면한 것은 유미 자신이었다. 인생을 돌려세울 기회는 얼마든지 있었다. 그럼 삼수라도 해서 기어이 대학 졸업장을 받고, 하다못해 진로를 바꿔 다른 직업을 가졌을지도 모른다. 자신의 주제를 파악하고 해결하는 상황 판단력만 있었어도 인생은 크게 달라졌을 것이다. 긍정적이기보다는 현실적으로, 또 남보다는 나를 최우선으로. 드라마 '안나'가 가르쳐준 뼈저린 교훈이었다.

언제나 준비만 하다 끝나는 사람들이 있다. 행동으로 옮기지는 않는다. 잔걱정이 많아 늘 준비만으로 하루를 허비한다. 고시나 취업 준비를 할 때도 마찬가지다. 성공을 하려면 일단 실행을 해야 하는데 경우의 수만 따지다 아무것도 하지 못한다. 언제나 가능성 있는 존재로 남고 싶어 하는 것이다.

"사실 제가 완벽주의자라서요."

"다 준비됐을 때 보여주고 싶어요."

완벽하게 세팅된 모습을 보일 때까지 당신을 기다려주는 운은 없다. "더 잘해서, 더 잘돼서"라는 마음이 지나쳐도 오히려 운이 도망가버린다. 적어도 부자가 되고 싶다면 한 가지는 확실하다. 긍정적인 겁자怯者가 아니라 현실적인 용자勇者가 되어야 한다.

재물운을
좋게 만드는
일상의 습관

사람들이 가장 많은 시간을 보내는 장소가 보금자리다. 따라서 집터는 좋은 운을 불리는 훌륭한 베이스가 된다. 특히 세상 만물에는 '기운'이라는 움직이는 힘이 존재하는데 집안의 물건들이 재물운에 깊숙이 관여하게 된다.

대표적으로 소지품이 그렇다. 늘 몸에 지니고 다니기 때문에 사람의 운에 커다란 영향을 미친다. 그중에서도 지갑을 빼놓을 수 없다. 돈이 돈을 불러온다는 개념에서다. 1만 원권 지폐를 돌돌 말아 지갑에 넣고 다니는 것은 재물이 새나가지 않는 역할을 한다. 한편 색이 기운에 영향을 미치는 물건으로는 금수저가 있다. 금색은 예로부터 재물과 건강, 장수를 상징했다. 따라서 식복에 관여하는 수저를 바꾸는 것만으로도 복을 불러들일 수 있었다.

이처럼 재물운을 좋게 만드는 습관은 대체로 풍수학에서 기인한다. 재물운을 만드는 일상의 습관은 다음과 같다. 대부분 알아만 놓으면 누구나 쉽게 따라 할 수 있다.

1. 집 안의 식물은 낮은 것이 좋다.
2. 냉장고에 자석을 붙이지 않는다.
3. 1만 원권 다섯 장을 말아 지갑에 넣고 다닌다.
4. 금색 수저를 사용한다.
5. 화장실 문을 닫아둔다.
6. 거실에 노란색 물건을 놓는다.
7. 현관을 항상 청결하게 유지한다.
8. 머리는 창가에 두고 잔다.
9. 욕실에 작은 화분을 비치한다.
10. 비에 젖은 우산은 집에 두지 않는다.

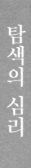

탐색의 심리

4장

✳

언제나 내 안에서
답을 찾는
부자들

직성대로 살아라

"선생님, 어떻게 돈을 벌어야 할지 모르겠어요."

벌이는 일마다 번번이 실패를 맛보고 있다는 사업가 S가 힘겹게 입을 뗐다. 그는 20년 동안 탄탄한 입지를 자랑하는 금융회사에서 임원으로 일하다 퇴직했다. 내부 사정으로 보직변경을 하게 되었는데, 한직으로 물러나는 대신 홀로서기를 선택한 것이다.

S가 회사를 나오자마자 벌인 사업은 헬스케어 애플리케이션 개발이었다. 평소 운동을 좋아한다는 이유에서였다. 하지만 투자금만 계속 들어가고 수익이 나질 않았다. 이후, 그 사업을 접고 피트니스센터를 열어보았지만 이것 역시 신통치가 않았다. 퇴직금에 그동안 모아둔 자금까지 전부 썼지만, 결국 2번의 사업 실패로 큰 손실을 보고 말았다. 재정적인 어려움이 커지자 가정에

도 불화가 닥쳤다.

"먼저 에너지를 아는 게 중요해요."

"네? 그게 무슨 말씀이시죠?"

의기소침해 있던 S가 눈을 반짝이며 반문했다.

"사람마다 가지고 있는 에너지가 다르거든요. 그것만 알아도 어떻게 돈을 벌어야 할지 알 수 있어요. '퍼스널컬러'라고 들어보셨죠? 똑같은 한국인이어도 사람마다 피부톤이 다르고, 체형이나 생김새에 따라 어울리는 컬러가 달라요. 사람마다 다른 고유의 신체 색상이 있기 때문이죠. 요즘 퍼스널컬러를 찾아주고 컨설팅해주는 전문가들도 많아요. 퍼스널컬러에 맞는 옷을 입거나 메이크업만 바꿔도 사람이 달라 보여서 인기죠.

제가 말한 '에너지'는 예를 들면 퍼스널컬러를 아는 것과 비슷하다고 보시면 돼요. 색상표를 하나하나 넘겨가며 자신에게 어울리는 색깔을 찾는 것처럼, 내가 가진 에너지가 어떤 것인지를 찾아야 해요. 그걸 모르면 이리저리 부딪쳐보는 수밖에 없어요."

내가 아는 부자들은 대체로 명리학에 관심이 많았다. 잘 가르쳐주는 선생님을 찾아다니며 공부도 굉장히 열심히 했다. 그런 분들을 볼 때마다 얼마나 더 큰 부자가 되려고 저렇게 열심히 공부를 하시나 싶었다.

하지만 돌이켜보니 이유를 알 것도 같았다. 명리학은 운을 읽

는 공부다. 자신에게 흐르는 특정 기운을 분석하고 활용해 빠르게 운을 선점하려는 것이다. S에게 '에너지'를 알아야 한다고 말했던 것과 같다. 부자들은 이 같은 묘수를 이미 실천하고 있었다. 나는 S에게도 이런 이야기를 해주었다.

"돈을 잘 벌고, 잘 키우는 사람들은, 자기 자신에 대해 굉장히 잘 알아요. 무엇을 잘할 수 있고, 무엇을 잘할 수 없는지요. 그분들은 기본적인 오행五行 정도는 알고 있고, 생활 속에서도 잘 활용해요. 그런 식으로 더 큰 부자가 됩니다."

"오행이요?"

"네, 쉽게 말하면 세상을 이루는 다섯 가지 에너지라고 보시면 돼요. 어려운 건 아니고 사계절의 흐름처럼 자연스러운 거예요. 목화토금수木火土金水라는 다섯 가지 에너지가 기본적으로 자연을 구성하죠. 사람도 마찬가지예요. 해가 지면 달이 뜨고 또 달이 차면 기울듯이 모든 것은 순환하게 되어 있어요. 사람도 자연의 일부니까 그 순환의 패턴을 따릅니다. 운도 마찬가지죠."

"돌고 돈다는 뜻이에요?"

"네. 예를 들어볼까요? 나무는 활활 타야 쓸모가 있잖아요. 나무가 불타고 나면 남은 재가 흙이 되고요. 또 흙이 모여야지만 단단한 돌이 생겨나요. 단단한 바위는 틈이 있어야 물이 세차게 흐르고, 물은 땅을 적시며 나무를 크게 자라게 해주죠. 보세요, 돌고 돌면서 서로에게 도움을 주잖아요. 이런 에너지의 순환 속에서 나는 어느 위치에 있는지, 내가 어떤 에너지를 가졌는지 알면, 무엇이 돈이 되는지도 알 수 있어요."

"그렇군요. 그럼 제가 가진 에너지가 무엇인지만 알면 어떻게 순환하며 살아가야 하는지도 알 수 있겠네요."

"맞아요. 자연의 모습만 떠올려도 쉽게 알 수 있죠. 나무는 땅에 깊게 뿌리를 내리고 하늘을 향해 끝없이 올라가잖아요. 그래서 목木의 에너지를 가진 사람은 열매를 맺는 것처럼 높은 이상을 가지고 창의적인 일을 하는 것을 좋아해요. 불은 이미지 그대로예요. 열정적이고 행동파고 명예를 중시하는 타입이에요. 대중의 시선과 관심을 받는 일을 마다하지 않아요. 그러다 보니 화火의 에너지를 가진 사람은 예체능에서 두각을 나타내기도 해요. 흙은 생명의 기반이 되어주는 너른 대지처럼 차분하고 포용력이 강하죠. 그래서 토土의 에너지를 가진 사람은 끈기가 필요한 일에 잘 맞습니다. 어떤가요. 굳이 더 자세히 설명하지 않아도 느낌이 오죠? 그렇다면 쇠는 어떨까요?"

"음, 일단 쇠는 차갑고 단단한 느낌이 들어요. 그리고 불로 잘 제련된 느낌?"

"맞아요. 정확히 짚으셨어요. 쇠가 발달한 사람은 이미 완성된 칼이나 보석처럼 이성적이고 현실적이에요. 냉철하고 꼼꼼한 성향을 가졌죠. 그래서 금의 에너지가 발달한 사람은 정교하고 세밀한 일을 잘해낼 수 있어요. 마지막으로 물은 어떤가요? 위에서 아래로 흘러 모든 것을 섞어 받아들이죠. 그래서 수水의 에너지를 가진 사람은 외부의 것을 잘 흡수해서 배움과 도전이 많아요. 머리 쓰는 일을 하면 좋죠."

그러고는 알고 지내던 사람의 이야기를 빗대 설명해주었다.

＊

방송인 A는 화끈하고 열정적인 사람이었다. 활달하고 명랑한 성격으로 분위기를 빠르게 리드했고, 단시간에 사람들을 즐겁게 해주는 '인싸' 기질도 탁월했다.

"어렸을 때부터 남들 앞에 서길 좋아했어요. 먼저 노래방에 가 자고는 절대 안 하지만 일단 마이크를 쥐면 놓지 않는 스타일이 었거든요. 그때부터 제가 TV에 나올 줄 알았나 봐요."

카메라를 응시하며 웃음 짓는 두 눈에 자신감이 흘러넘쳤다. 그녀는 초창기부터 남다른 짐이 많았다. 떡잎부터 달랐다고 할 까. 솔직히 외모가 엄청 화려하다거나 눈에 띌 만큼 빼어난 것은 아니었지만 통통 튀는 매력으로 방송계에 입문했고, 수많은 대중 앞에 마이크를 들고 전문 진행자로 서는 일을 두려워하지 않았 다. 초반부터 방송국의 차세대 아나운서로 낙점되며 이목을 끌기 도 했다. 그런데 어쩐지 시간이 갈수록 A는 이 길이 제 길이 아닌 것 같은 기분에 휩싸이곤 했다.

각 잡힌 정장 차림에 천편일률적인 헤어와 말투, 성격에도 맞 지 않는 교양 정보 프로그램까지. 화면 앞에서 세상 단아한 미소 를 짓고 있으면서도 속으로는 남의 옷을 걸친 것처럼 불편하고 거추장스러운 느낌이었다. 이것은 그녀 혼자만 느끼는 감정이 아 니었다. 시간이 갈수록 '표정이 어색하다', '집중이 안 된다' 등등 시청자들의 지적이 하나씩 관계자들을 통해 들려왔던 것이다.

A는 결심했다. 결단은 빠를수록 좋다고 그녀의 화끈한 성격은 망설임 없이 사직서를 내는 단호함에서도 빛을 발했다.

'마이크를 놓고 싶지는 않아. 그럼 무슨 일을 해야 할까?'

지금처럼 대중 앞에 서서 즐겁게 말하고 싶었다. 그렇게 딱 1년하고 반년을 아나운서로 근무한 후 쇼호스트로 전향했다. 원래 성격이 쾌활하고 웃음이 흘러넘치니 실제 홈쇼핑 방송도 자기 성격대로 끼를 발산하며 신나게 할 수 있었다.

예상은 적중했다. 식품 방송 중에 웃음이 터져 음식을 내뿜고, 헤어롤을 잘못 말아 엉망이 되어도 특유의 유머감각과 센스로 커버했다. 오히려 그녀의 엉뚱미, 천연미는 호감과 신뢰를 높여 시청률과 판매율에 기여했다.

방송을 시작한 지 얼마 되지 않아 그녀는 시청자들의 눈과 귀를 사로잡았고 이제는 '홈쇼핑 완판녀'로 불리며 업계 블루칩이 되었다. 억대 연봉으로 남부럽지 않은 돈을 거머쥐자 부의 상징으로 불리는 모 주상복합아파트에 입주했다는 소문까지 돌았다.

연 매출 수천억, 시간당 수억대 매출, 전회 완판 신화…. A가 이런 화려한 수식어를 달 수 있었던 비결은 바로 앞에서 말한 '에너지'의 힘이 크게 작용했다. 자신의 에너지를 빠르게 파악한 것이 그야말로 '신의 한 수'였던 셈이다.

A는 오행대로라면 '화'의 에너지를 가진 사람이다. 말 그대로 태양처럼 뜨거운 에너지를 발산하며 살아가야 하는 사람인 것이다. 아나운서로 대본을 따라야만 하는 환경은 그녀의 기운을 억눌렀고, A 역시 그런 상황에 맞추기가 어려웠을 것이다. 대신 A는 자신의 에너지를 제대로 발산해 좋은 결과를 얻을 수 있는 환

경, 즉 쇼호스트라는 업을 스스로 찾았고 그쪽으로 방향을 틀었다. A는 지금도 자신이 어떤 오행을 지녔는지 아마 모를 것이다. 다만 한 가지는 정확히 안다. 태양처럼 자신을 드러내 세상을 비추는 내재된 본성이 부를 창출하는 어마어마한 씨앗이 되었다는 사실을.

＊

자의든 타의든 스스로의 에너지를 파악했다면 그 사실만으로도 당신은 이미 행운아다. 대부분은 자신이 어떤 에너지를 가졌는지조차 깨닫지 못한 채 살아가는 일이 다반사기 때문이다.

그렇다면 궁금할 것이다. 오행을 전혀 모르는 사람은 어떻게 해야 할까? 평범한 사람들이 자신의 기운을 찾아내는 방법도 있을까?

물론 있다. 바로 태어난 '줄'을 보는 것이다. 어떤 집안에서 나고 자랐는지를 보면 어느 정도는 가늠할 수 있다. 실제로 예술가 집안에 예술가가 나오고, 운동선수 집안에 운동선수가 나온다.

"피는 못 속인다잖아", "역시 나를 닮았나 봐", "다 집안 내력이야" 하는 이야기를 많이 들어보았을 것이다. 이런 경우는 딱 두 가지다. 집안 내력을 있는 그대로 고스란히 물려받았거나, 누군가에 의해 그런 에너지에 자주 노출되는 경우다.

대개는 부모에 의해 발견된다. 전폭적으로 지원해주는 집안 환경까지 따라준다면, 또 당사자가 약간의 노력만 기울인다면, 전례 없는 천재가 탄생할 수도 있다. 하지만 애석하게도 타고난 에너지, 부모의 뒷받침, 본인의 노력, 이 삼박자를 모두 갖춘 사람은 드물다.

해석하기에 따라서는 부정적으로 풀이될 수도 있다. 마치 좋은 집안에 태어난 사람들의 전유물처럼 멀게만 느껴질 수 있는 것이다. 하지만 아무리 돈이 넘쳐나도 자신의 에너지를 모르고 엉뚱한 방향으로 노력한다면 시도하는 족족 망하는 불상사를 겪을 수밖에 없다.

*

부유한 의사 집안에서 태어난 막내아들 B는 정석대로 엘리트 코스를 밟았다. 아버지는 유명 대학병원의 정형외과 의사였고, 첫째 형은 부친을 따라 의사의 길을 걷고 있었다.

하지만 B의 관심은 다른 데 있었다. 어려서부터 노래 실력이 출중했던 것이다. 독학으로 배웠다기에는 믿기 힘들 만큼의 수준급 기타 실력도 보유하고 있었다. 아무래도 악기를 다루던 외할아버지의 피를 물려받은 모양이었다.

음악에 지대한 관심을 보이던 B는 연예인의 꿈을 키우기 시작했다. 그리고 고등학교 때 식구들 모르게 대형 기획사의 오디션에 참가했다. 1차는 무난히 통과했다. 그런데 2차 오디션을 앞두고 그만 부모님께 발각되고 말았다. 의사 집안에서 연예인이라니. 온 집안이 펄쩍펄쩍 뛰고 난리가 아니었다.

기로에 선 B는 선택해야만 했다. 부모님의 뜻대로 의대에 갈 것이냐, 꿈을 굽히지 않고 가수가 될 것이냐. 하지만 B는 이제껏 한 번도 부모님의 뜻을 거스른 적이 없었다. 또 돈을 들이는 만큼 성적도 곧잘 나왔다. 결국 그는 부모의 소원대로 의대에 진학해 페이닥터로 일하는 치과의사가 되었다.

그런데 30대 중후반부터 이유 없이 우울감이 밀려왔다. 안정된 가정을 이루며 살고 있는데 무엇이 부족한 것일까. 고민하던 그는 어느 휴일에 먼지를 잔뜩 뒤집어쓴 채 처박혀 있던 기타를 다시 꺼냈다. 조심스레 먼지를 닦고 늘어진 줄을 감았다.

그리고 오래전 여느 날처럼 기타를 연주해보았다. 다시는 못 칠 거라고 생각했는데 놀랍게도 손이 코드를 기억하고 있었다. B는 마음이 밝은 빛으로 가득 차는 느낌에 전율했다. 그 자신도 깜짝 놀랐다. 이 느낌을 놓쳐서는 안 되겠다고 결심했다. 그래서 지금은 유명한 가수는 되지 못했지만 노래하는 의사로 회환을 풀며 살아가고 있다.

＊

　결국 자신의 에너지를 읽어내 성공한 사람은 부의 정점에 가까워진다. 반대로 자신의 에너지를 외면한 사람은 과거의 선택을 후회하는 사람으로 살아간다.

　평소 "직성대로 살라"라는 조언을 많이 한다. 직성은 말 그대로 타고난 성질이다. 가지고 태어난 성질대로 살아가야 무슨 일이든 잘 풀린다는 뜻이다. 자신의 에너지를 모른 채로 그때그때 상황에 인생을 끼워 맞추며 살 것인가? 아니면 매 순간 에너지를 의식하고 최대한 발휘할 수 있는 선택을 할 것인가? 전자와 후자는 삶의 페달을 밟는 속도가 다르다. 그만큼 자신의 에너지를 찾는 일은 운명을 크게 바꿔놓는 변수다.

　부자들이 명리학 공부를 열심히 하는 이유도 바로 이것이다. 타고난 에너지를 파악하면, 자신이 무엇에 강하고 무엇에 약한지, 또 어떤 사람을 만나고 피해야 하는지 알 수 있다. 수학문제 정답처럼 딱 떨어지지 않아도 대체적인 흐름과 방향은 보인다.

　한마디로 타고난 성미, 즉 직성만 정확히 알아도 운은 충분히 좋아진다. 그리고 이는 얼마든 스스로 선택할 수 있다. 물론 반대로 몰라서 놓칠 수도 있다.

불행 속에서
행운을 건지다

앞서 이야기한 것처럼 운은 자신의 타고난 성정과 밀접한 관계가 있다. 특히 여기서 중요한 것은 마음의 방향이다.

사람들이 나에게 털어놓는 수많은 사연에는 공통점이 몇 가지 있다. 일단 진짜 이런 일이 일어날까 싶을 법한 불합리한 상황이 적지 않다는 것이다. 또 확률적으로 굉장히 희박하다고 여겨지는 일들이 실제 많은 이의 인생에서 꽤 빈번하게 일어나는 순간을 목격했다.

그런데 그럴 때마다 소스라치게 놀라지 않을 수 없었다. 엄청나게 불합리하고 황당한 일을 당해도, 그 힘든 환경 속에서 어떻게든 답을 찾아내는 부자들이 있었기 때문이다.

버블티 전문점을 운영하는 어느 경영자의 이야기다. 한때 전국 가맹점 수만 1,000여 곳에 이를 정도로 장사가 잘되었고 그에 따라 회사 규모도 날이 갈수록 커졌다.

창업자는 A와 B 둘이었다. 사실 엄밀히 말하면 이 회사는 A가 대학가에서 시작한 소박한 버블티 가게에서 출발했다. 처음부터 동업은 아니었고 B가 뒤늦게 합류한 셈인데, 사실상 사업을 크게 성공시킨 사람은 B였다.

"사장님, 저 일을 배우고 싶어요."

"네?"

"제가 정말 잘 팔 수 있어요. 가게를 크게 한번 키워볼게요."

조그만 버블티 가게를 혼자 운영하던 A는 마침 손이 모자라 아르바이트생이라도 채용해야 할 상황이었다. 그러던 어느 날, 웬 남자가 문을 열고 들어오더니 다짜고짜 일을 가르쳐달라고 했다. 밑도 끝도 없는 자신감은 대체 어디서 나온 것일까? A는 B의 제안을 받아들이고 일을 가르쳐주었다.

그때부터였다. 이 작은 버블티 가게가 전국적으로 돈을 쓸어담기 시작한 시점은. B의 두뇌는 참으로 비상했다. 마치 수십 년은 장사를 해본 사람처럼 능숙하게 고객의 니즈를 파악했다. B는 가격이 비싸서는 절대로 대학생을 상대로 돈을 벌 수 없다고 단언했다. 그러더니 2,000원도 안 되는 파격적인 가격에 버블티를 팔기 시작했다. 그러자 저렴하고 맛있는 집이 있다며 입소문이 금세 퍼졌다.

타이밍을 놓칠세라 주변을 둘러보았다. 그리고 2호점을 어디다 내면 좋을지 고민했다. 대학가에는 소형 카페를 하는 자영업자가 많다. 그는 먼저 보행 상권을 공략했다. "지금 하시는 카페인테리어만 바꾸면 누구든 쉽게 할 수 있다"는 식으로 젊은 사장님들을 공략한 것이다. 누구나 팔 수 있는 비슷비슷한 커피를 파는 것보다 트렌드에 부합하는 차별화된 음료를 파는 것이 훨씬유리하다는 말도 덧붙였다.

그렇게 한 곳 한 곳 지점을 늘렸다. 그러자 사람들이 궁금해했다. "저 가게는 뭐지?", "뭔데 이렇게 자꾸 늘어?", "나도 한번 알아볼까?".

처음에는 주로 대학가를 공략했다. 그러다 B는 상권을 넓혀야겠다고 생각했다. 유동인구수나 소비력에 한계가 있는 대학가에서 벗어나 조금 더 넓은 상권으로 진출해보자고 말이다. 소규모 창업을 준비하는 사람들이 가장 많이 가는 곳이 어딜까.

순간 그의 머리가 번뜩였다. 한걸음에 달려간 창업 박람회에는 고민이 많은 자영업 사장님들이 모여 있었다. B는 자본금이 적은 젊은 커피숍 창업자들을 공략하며 버블티가 얼마나 많이 남는 장사인지를 설득하러 다녔다.

"이제 커피는 너무 많아요. 차라리 버블티를 하세요."

초기 자본금이 다른 프랜차이즈 커피 브랜드에 비해 훨씬 저렴한 데다, 대학가 주변의 목 좋은 자리까지 직접 알아봐 준다고 하니 누구라도 혹하지 않을 수 없었다. 실제로 그 브랜드는 최단 시간에 최다 가맹점을 확보한 기업으로 성장했고, 원조 프리미엄 버블티라는 브랜드 이미지까지 빠르게 구축할 수 있었다.

그뿐 아니다. 가맹점 숫자만큼 인테리어 비용으로 단발성 수익을 크게 올렸고, 후에는 로열티 수익까지 더해지며 안정적인 성장세에 접어들었다. 지속가능한 수익구조를 만들어 나름대로 회사를 실속 있고 탄탄하게 키워낸 것이다.

언뜻 보면 B는 사업수완이 뛰어난 사람처럼 보인다. 하지만 그는 찢어지게 가난한 집안에서 태어났다. 학교도 제대로 졸업하지 못했으니 딱히 사업이나 경영에 특화된 공부를 한 것도 아니었다. 그저 잘난 것은 '눈치' 하나였다.

B는 경마에 빠진 부모님 밑에서 자랐다. 어린 시절 얼마나 생활이 궁핍했는지 비닐하우스를 벗어나지 못했다.

B는 학교에서 수업을 듣는 대신 사설 경마장에서 손님들에게 박카스를 나눠주는 일을 했다. 불법 경마를 하러 온 어른들을 상

대로 잔심부름을 하며 용돈을 벌었던 것이다. 그곳에서 그는 사람 보는 눈을 키웠다. 돈에 혈안이 된 사람들의 비위를 맞추다 보니 고객의 성향을 파악하는 통찰력을 훈련할 수 있었다. 상대가 무엇을 싫어하고 무엇을 좋아하는지 귀신같이 알아보았다. 그리고 그 틈을 파고들어 장사의 정석을 배웠다.

불행하다면 불행한 어린 시절이었다. 나쁜 길로 충분히 빠질 수도 있었다. 하지만 그는 결코 흙탕물에 빠지지 않았다. 오히려 지우고픈 최악의 기억 속에서 가난을 떨치기 위한 해답을 찾았다.

＊

하지만 이런 일은 흔치 않다. 대부분은 자신이 살아온 인생에서 답을 찾는 것이 아니라, 전혀 상관없는 남의 인생에서 답을 찾기 때문이다.

취미는 어디까지나 취미일 뿐이다. 취미를 결코 탈출구로 착각해선 안 된다. 대기업을 퇴사한 사람들이 가장 많이 하는 창업이 치킨집이다. 음식 장사의 기본도 모르는데 과연 그 치킨집이 잘될 수 있을까? 오히려 자신이 오래 몸담아온 과거의 직군에서 파생되는 일을 고민하는 편이 빠르지 않을까?

예를 들면 이렇다. 미용사로 수십 년간 일을 해왔다면 다른 일을 하더라도 그 줄기에서 찾아야 돈이 된다. 미용 도구를 새롭게 개발한다든가, 염모제 샴푸를 개발한다든가. 그런데 평생 미용 일을 해왔지만 원래 베이킹을 좋아했다며 뜬금없이 빵으로 돈을 벌려고 한다면…. 이윤과 성공 대신 참혹한 실패가 기다릴 뿐이다.

아무리 하찮은 일이라도 '주력'이라는 것이 있다. 적어도 지난 3년간 꾸준히 어떤 일을 해왔다면, 필시 그러한 운의 흐름으로 가고 있다는 뜻이다. 좋은 쪽이든 나쁜 쪽이든 말이다. 그러니 현재 자신이 하고 있는 일에 최선을 다해 집중하고, 다른 답을 찾더라도 일단 그 바운더리 안에서 새로운 일을 모색해야 한다.

지금 당신이 할 수 있는 일은 어렵지 않다. 그저 도랑에 빠지지 않도록 마음의 방향만 제대로 잡고 있으면 된다. 현명한 사람은 행복하든 불행하든 언제나 주어진 운명과 영역에서 자신의 운을 만든다. 그리고 그것이 부자로 가는 가장 손쉽고 빠른 길이다.

'운'의 우선순위

나이가 듦에 따라 뇌 기능이 떨어지기 때문에 보통 노년이 되면 기억력과 판단력이 저하된다고 말한다. 하지만 젊은 사람도 아주 충격적인 일을 겪거나 큰 문제가 닥쳤을 때 뇌가 멈춘 듯이 판단력이 흐려진다.

연애, 학업, 취업 등과 관련된 문제는 그나마 사소하다. 다른 사람을 만나면 되고, 시험에 재응시하면 되고, 여러 회사에 도전하면 되니까. 하지만 엄청나게 큰돈을 잃었다거나, 최고의 자리에서 곤두박질쳤다거나 하는 문제는 이야기가 달라진다. 돈과 명예는 한번 잃고 나면 타격감이 너무 크다. 되찾고 회복하는 데도 많은 시간이 소요된다.

그렇다면 판단력이 흐려질 정도로 인생에 커다란 문제가 생겼을 때 가장 먼저 무엇을 해야 할까? 어른이 되어도 앞가림을 못하겠다며 푸념하는 사람들이 있다. 특히 이런저런 악재가 닥쳐오는 시기라면 더욱 그렇다. 아무리 판단력이 좋은 사람도 흔들릴 수밖에 없다.

나는 풍전등화와도 같은 운명의 장난 속에서 이렇게 이성이 마비되는 경우를 자주 목격했다. 하지만 대부분은 정신만 똑바로 차리면 충분히 해결할 수 있는 문제들이다. 그럼에도 충격으로 뇌가 멈춘 사람들은 한순간의 선택으로 영영 돌아갈 길을 잃곤 했다.

*

J는 사장 형이라고 부르는 친한 지인이 운영하는 헬스장에서 일하는 트레이너다. 그의 꿈은 크고 원대했다. 식품영양학을 전공한 지식과 운동지도자로 일한 경험을 살려 언젠가 자신의 이름을 내건 건강식을 개발하고 싶다는 포부를 가지고 있었다.

하지만 현실은 녹록지 않았다. 그 헬스장은 회원수가 나날이 줄고 있었다. J는 걱정스러웠다. 사업을 하고 싶다는 꿈은커녕 당장 목구멍이 포도청이라 월급 받는 일조차 눈치가 보였다.

그런데 고민은 그것뿐이 아니었다. 여자친구는 결혼하자고 조르는데 당장 방 한 칸 마련할 자금이 없었다. 말 그대로 총체적

난국이었다. 이렇게 열심히 회원을 관리하고 운동을 가르치는데, 왜 나는 일이 풀리지 않는지 답답했다.

"인생이 어디서부터 잘못된 건지 모르겠어요."

"문제의 발단 말씀이시죠?"

"네, 눈앞이 새까매요. 모든 게 뒤죽박죽이에요. 당장 먹고 살아야 하니 일을 관둘 수는 없어요. 회원수가 점점 줄어드니 월급날이 되면 사장 형 눈치도 보이고요. 결혼도 그래요. 여자친구를 사랑하지 않는 건 아닌데 당장 살림을 합칠 형편은 아니에요. 이렇게 나이만 먹다가 제 사업은 꿈도 못 꾸겠어요."

나는 이미 모든 것이 해결되었다는 생각이 들었다. 간밤에 들이닥친 폭우로 쥐고 있던 노를 잠시 놓쳤을 뿐, J는 이미 그 스스로 답을 알고 있었기 때문이다. 나는 넌지시 힌트만 주었다.

"제일 중요한 거 딱 하나만 생각해보세요."

J는 좀체 감을 잡지 못하다가 불현듯 무언가 떠올랐는지 "아?" 하는 표정을 지었다. 나는 남은 몇 가지 방법도 마저 알려주었다.

그리고 몇 개월이 흐른 뒤 J로부터 소식이 들려왔다. 다 잘되고 있다는 인사 전화였다. 수화기 너머로 환희가 번지고 있었다.

"선생님, 저 이제 어떻게 해야 할지 알겠어요. 제일 중요한 것 딱 하나만 생각하라고 하셨잖아요? 생각해보니까 그게 모든 것의 실마리였어요. 정말 딱 하나만 해결하면 되는 거였네요. 풀 수 없는 오만 가지 문제가 뒤엉킨 것 같았는데, 정말 거짓말처럼 모든 것이 달라졌지 뭐예요."

J는 그동안의 일을 들려주었다. 당시 조언을 듣고 집에 돌아가자마자 책상 앞에 앉아 할 일을 적었다고 한다. '지금 나에게 제일 중요한 것 딱 한 가지만 생각하자.' 그랬더니 직장이 1순위였다. 직장 문제만 풀면 나머지도 잘 해결될 수 있을 것 같았다. 무엇을 먼저 해야 할지 깨닫고 즉시 행동을 개시했다. 준비한 이력서를 들고 새벽부터 다른 헬스장의 문을 두드리기 시작한 것이다.

운명의 장난일까. 이른 새벽에 첫 번째로 들린 곳에서 때마침 대표가 영업 개시를 준비하고 있었다. 고급 호텔에 위치한 피트니스센터로 오랜 업력을 자랑하는 곳이었다. 만약 다른 직원에게 이력서를 건넸다면 곧장 쓰레기통에 들어갔을 수도 있었다. J는 하늘이 주신 기회다 싶어 대표에게 활기차게 인사하며 준비한 이력서를 건넸다. 그리고 얼마 후 바로 채용되었다.

J의 운은 거기서 그치지 않았다. 마치 도미노가 쓰러지듯 좋은 운이 계속되었다. 새로 옮긴 피트니스센터에서 그는 누구보다 열심히 일했다. 고객 한 사람 한 사람에게 최선을 다하자 회원도 늘고 연봉도 높아졌다. 그뿐 아니라 회원제로 몸매와 식단을 관리해주는 고가의 프로그램을 맡게 되면서 자연스럽게 VIP 회원들과 친분을 쌓을 수 있었다.

인간관계의 어려움도 자연히 해결되었다. 회원수가 급감해 서로를 원망하기 쉬운 상황에서 그가 먼저 '사장 형'을 떠났기 때문이다. 사장 형은 섭섭함보다 고마움을 표했고, 두 사람은 오히려 더 좋은 관계가 되었다. 그렇게 차곡차곡 돈을 모으고 직장에서 인정받게 되지 여자친구와 결혼도 했다. 또 J를 눈여겨보던 한 고객의 제안으로 건강식 사업에 대한 투자 이야기도 오가게 되었다. 일터를 옮겼을 뿐인데, 그것만으로도 복잡했던 인생이 깔끔하게 정리된 것이다.

*

해답은 이미 나와 있었다. 다만 먹고사는 문제, 즉 눈앞의 현실이 정말 시급한 일을 차일피일 미루게 만들었다.

이달의 카드값, 오늘의 인간관계, 연인과의 결혼···. J는 일의 우선순위를 몰랐던 것뿐이다. 사실 직장이라는 시급한 문제만 해결되어 안정을 찾으면, 꼬여 있던 운은 순차적으로 풀리게 되어 있었다. 다만 이러지도 저러지도 못하고 발만 구르다 보니 모든 일이 연쇄적으로 막혀버렸을 뿐이었다. 마치 인생에 불행이라는 수류탄이 굴러와 연거푸 사건을 터뜨리는 것처럼.

세상 모든 일에는 '우선순위'라는 것이 있다. 그리고 평생운도 이 우선순위가 중요하다. 지금 당장 해결하지 않으면 안 되는 문제, 다음 단계로 넘어가기 위해 반드시 끝내야 하는 문제 말이다. 엉킨 털실 뭉치처럼 인생 전체가 뒤죽박죽인 것 같지만 막상 뚜껑을 열어보면 문제는 하나인 경우가 많다. 시작과 끝을 알 수 없을 만큼 복잡해 보여도 결국 매듭만 찾으면 쉽게 풀 수 있다는 소리다. 이처럼 우선순위만 차분히 정해도 인생은 크게 달라진다. 운은 이렇게 만들어가는 것이다.

도마 위에서
인생을 칼질하는 작업

그렇다면 우선순위를 어떻게 정할 수 있을까? 중요한 일과 급한 일은 항상 헷갈리는 법이다. 이럴 때는 가장 먼저 자신의 인생을 해체하는 작업을 해야 한다. 그래야 좋지 않은 운의 흐름을 끊고 새롭게 앞으로 나갈 수 있기 때문이다. 나는 J에게 정답을 알려주지 않았다. 대신 "중요한 것 딱 하나만 생각해보라"는 조언과 함께, 인생을 다각도에서 들여다보는 방법에 대해 알려주었다.

"먼저 칼질을 해보세요."

"네? 칼질이요?!"

"네. J 님의 인생을 도마 위에 올려놓고 해체하는 작업 말이에요."

J는 지금까지 한 번도 자신의 문제를 정면으로 마주하고 해체해본 적이 없다고 말했다. 힘들고 불안한 현실을 외면하려고만

했지 정면으로 부딪치는 노력을 하지 않았다. 쉽게 돈 벌 궁리나 했으니 부자가 될 리 만무했다. 부자의 운은 그렇게 순순히 문을 열어주지 않는다. 그런 J가 뒤늦게 자신의 인생을 도마 위에 올려놓고 세세하게 해체하며 살아가는 방법을 터득한 것이다.

　부자들도 다르지 않았다. 우선순위를 정하는 그들의 방법은 언제나 상상을 초월했다.
　명당을 알아보는 안목으로 부자가 되었다는 지방의 한 유지는 투자 조언을 달라며 던지는 질문부터가 남달랐다. 지도에 어느 지역에 어떤 땅이 있는지를 표시해 가져올 정도였다. 토지 거래 외에는 궁금한 것이 없다고 했다. 오로지 하나의 목적에만 집중한 것이다. 이처럼 원하는 바가 명확하고 깔끔한 사람들은 비교적 수월하게 자신의 목적을 성취한다.
　하지만 반대로 우선순위를 전혀 모르거나 생각조차 해보지 않은 사람들은 질문도 답답했다. 대체 뭐가 궁금해서 찾아온 것인지 알 수 없을 정도로 두루뭉술하고 추상적이다. 지난 문제, 국제 이슈, 애먼 사람 등등. 지금 무엇이 중요한지 모르고 뜬구름만 잡는 식이었다. 그런 사람들을 만날 때마다 확연하게 비교가 되었다.
　'성공한 사람들은 우선순위를 아는구나.' 그들은 운마저도 입맛대로 주도하고 있었다.
　이는 전교 1등과 꼴등의 논리와도 같다. 똑같은 시험을 보는데 문제가 요구하는 것을 정확하게 알고 달려드는 학생과, 문제의 핵심을 전혀 이해하지 못한 채 달려드는 학생은 차이가 났다. 전교 1등은 하루에 평균 5시간을 공부하고, 전교 꼴등은 평균 10시간을 공부했다. 똑같이 노력했지만 서로 결과가 달랐다. 전교 1등은 선생님이 수업시간에 상조했던 필기 내용을 바탕으로 기출문제를 공부한 반면, 전교 꼴등은 교과서에서 시험문제가 나온다는 소리에 1페이지부터 책을 펼쳤다. 그리고 형형색색의 펜으로 밑줄을 그으며 전부 외우기 시작했다. 결과는 보나 마나 꼴찌의 완패다.

우선순위를 안다는 것이 이렇게나 중요하다. 물론 전교 꼴등에게 족집게 과외 선생님이 붙는다면 이야기는 달라질 수 있다. 과외 선생님이 시험에 나오는 것 위주로 '우선순위'를 알려주실 테니 말이다. 하지만 인생의 모든 우선순위를 조력자가 대신 정해줄 수는 없다.

＊

인생이 그렇다. 누구도 대신해 살아주지 않는다. 수학 문제처럼 딱 떨어지는 공식도 없다. 타인의 인생을 매만지는 일이 쉽지만은 않은 이유다. 비슷한 예로 뛰어난 의사조차 자신의 가족은 직접 수술하지 못한다. 사사로운 감정이 개입되어 집도에 방해가 되어서다. 나 역시 가까운 지인의 운을 읽는 데 사견私見이 끼어들기 마련이다.

그러니 인생의 우선순위는 스스로 직접 정해야 한다. 이때는 하나만 생각하면 된다. 가장 '열등하게 느끼는 일'을 먼저 해결하는 것이다. 외면하거나 피하고 싶은 문제는 대부분 한 번에 사라지는 것이 아니기 때문에 여러 갈래로 쪼개고 나누어 해결해야 한다.

다음은 쉽다. 1순위를 올려놓고 칼질만 하면 된다. 빚을 청산하고 싶다면 자신이 왜 빚더미에 올랐는지를 먼저 분석하고, 올해 안에 변제할 채무액을 정확히 파악한다. 그리고 무슨 일을 통해 수입을 창출할지, 성공 가능성은 얼마큼 있는지, 장기적으로 언제 갚을 수 있는지를 따져보면 된다. 중요한 문제를 놓고 칼질하는 것만으로도 인생의 도안이 훤히 그려지는 것이다.

문제는 일으킨 사람이 풀어야 한다. 그런데 내가 저지른 일이 아닌데 해결해야만 하는 억울한 상황도 많다. 하지만 억울해한다고 눈앞의 문제가 없어지거나 줄어들지는 않는다. 어찌 되었든 풀어야 할 문제라면, 남을 탓하거나 세상을 비관하며 세월을 보내기보다 도마 위에 올려놓고 해체를 하는 것이 먼저다.

자꾸만 칼질을 하다 보면 허들이 낮아지고 불필요한 요소가 제거된다. 그렇게 하나의 물길이 터지면 고기떼가 몰리듯이 막혔던 돈도 운도 저절로 따라 들어온다.

결과를
못 박지 마라

 인생은 언제나 시험의 연속이다. 초중고등학교 때는 학기마다 시험을 보았다. 수능이라는 거대 관문을 통과하기 위해서다. 대학에 가도 시험은 계속된다. 그리고 다시 어학시험으로 구직자로서의 존재 가치를 증명하고, 입사시험을 통과해 어엿한 사회인이 된다. 거기서 끝이 아니다. 면허시험부터 승진시험까지 갖가지 시험의 굴레 속에 살아가게 된다.

 대체 무엇을 위해서 시험을 치르는 것일까. 입시? 취업? 승진? 자아실현? 전부 맞다. 지구인 중 가장 먼저 달에 도착한 암스트롱이 행운의 상징이 된 것처럼, 합격의 사다리에 안착했다는 사실이 곧 인생의 성공을 의미하기 때문이다.

 그러다 보니 문제가 생긴다. 합격이 곧 돈이요, 행복이라는 위험한 공식이 성립하는 것이다. 하지만 인생은 당장 눈앞에 보이는 결과가 전부는 아니다. 그것으로 미래를 점칠 수도 없다. 또 자신이 중요하게 생각하는 것과 실제로 중요한 것은 다를 수 있다. 합격이냐 불합격이냐에 따라 희비가 극명하게 갈리는 시험에서 이 같은 경우를 많이 찾아볼 수 있었다.

*

"나 이번에 노량진에 들어가."

대학교 시절 공무원 시험을 준비하는 친구 C가 있었다. 당시만 해도 공무원은 자타가 공인하는 최고의 직업으로 손꼽혔다. 동기들은 관심도 없는 낯선 세계에 뛰어드는 C의 결심이 의아했다. 하지만 아예 이해가 안 되는 것도 아니었다. 부모님의 기대를 한몸에 받는 외동딸인 데다, 안정적인 생계유지가 인생 목표였기 때문이다.

그런데 공무원 시험을 준비한다며 휴학계를 낸 C가 1년 만에 학교로 돌아왔다. 새벽마다 현강을 들었는데도 떨어졌노라고 한숨을 쉬었다.

그러고는 얼마 지나지 않아 두 번째 휴학계를 냈다. 그 전쟁통 같은 노량진 입시촌에 제 발로 다시 들어간 것이다. 하지만 이번에도 불합격이었다. 이렇게 열심히 했는데 그간의 노력이 무색해질 정도였다.

　C는 포기할 수 없었다. 그렇게 몇 번이나 도전했을까. 7급에서 9급으로 하향 지원한 끝에 졸업 이듬해야 희소식이 들려왔다. 오랜만에 만난 C는 세상을 얻은 표정이었다.

　"너, 드디어 합격했구나!"

　"응, 나라에 뼈를 묻을 거야. 7급, 5급까지 승진해야지."

　치열한 바늘구멍을 통과한 뚝심이 새삼 대견스러웠다. 합격을 축하하는 동기들이 새내기 공무원의 희망찬 앞날을 응원했다. 비록 아직 20대였지만 미래는 완성형이었다. 그렇게 시간이 지나 프로듀서가 된 나는 방송국으로, 공무원이 된 C는 구청으로, 각자의 그라운드로 흘러들었다.

　그러던 1년도 안 된 어느 날이었다. C의 소식에 나는 놀라지 않을 수 없었다. 어렵게 합격한 공무원 직을 스스로 그만두다니. 자초지종이 궁금했다. 대체 어떻게 된 일일까?

　처음에는 합격의 기쁨에 젖어 그럭저럭 다녔다고 한다. 하지만 수직적이고 보수적인 조직문화에 도저히 적응할 수 없었다. 민원이 몰리는 날이면 밤샘 근무가 디폴트였다. "동네에 모기가 많아요", "아래층 가게가 시끄러워요" 등등. 사소한 민원으로 실랑이를 벌이는 것도 스트레스였다. 자유롭고 예민한 C의 성향과 전혀 맞지 않았던 것이다. 그녀의 평온했던 일상이 조금씩 망가지고 있었다. 최대한 버텨보려고 노력을 했다. 하지만 결국 1년 만에 제 발로 뛰쳐나올 수밖에 없었다. 그리고 이렇게 이야기했다.

"합격이 다가 아니었어. 현실은 완전히 다르더라고…."

＊

운이란, 럭비공과도 같다. 언제 어디로 튈지 모른다. 지금은 좋은 운이지만 결국에는 나쁜 운이 될 수도 있고, 지금은 나쁜 운 같지만 훗날 돌아보면 좋은 운이 될 수도 있다. 돈도 마찬가지다. 지금 내 손안에 있다고 해서 내 것이 아니며, 지금 내 손안에 없다고 남의 것이 되는 것도 아니다. 운과 크게 다르지 않다.

어느 날 가난한 노인이 복권에 당첨되었다. 꿈속에 나타난 증조할머니가 1등 당첨번호를 불러주었다. 노인은 날아갈 듯이 기쁜 나머지 동네방네 소문을 냈다. 그런데 당첨금을 찾은 바로 그날 밤, 그만 집에 도둑이 들고 말았다. 그나마 조금 있던 재산까지 몽땅 털린 것이다. 하루아침에 벼락부자에서 빈털터리로 전락한 노인은 망연자실했다. 과연 그에게 복권 당첨은 좋은 일이었을까, 나쁜 일이었을까.

일확천금을 얻은 순간은 분명 행운일 수 있다. 하지만 행운의 유효기간은 또 별개의 문제다. 성공과 실패는 운이 관여할 수 있지만, 그 이후의 일은 철저하게 사람의 몫이다. 결국 운을 잘 만들어나가는 것도 중요하지만 얼마큼 잘 유지하고 지속하느냐도 관건이다.

그러니 긴 호흡으로 운명을 바라봐야 한다. 매사 일희일비하지 않는 마음으로 들뜨거나 가라앉지 않도록 말이다. 합격이라는 결과가 평생을 담보하지 않듯이, 오늘 거머쥔 돈이 영영 내 것은 아니다. 아무리 재물이 넘쳐나도 그릇이 작으면 소용이 없다.

나에게 온 좋은 운을 커다란 함지박에 담을 것인가, 조그만 종지에 담을 것인가. 당장 눈앞에 보이는 운보다 중요한 것은, 결국 그 운을 감당할 수 있는 마음의 그릇이다.

독이 되는 운,
득이 되는 운

재계만큼이나 부자가 많은 곳이 바로 '연예계'다. 대중이 원한다는 것은 상품성이 있다는 뜻이고, 이는 곧 시장경제의 논리상 돈으로 귀결된다. 광고 출연료만 해도 수백만 원부터 수십억 원까지 다양하다.

스타가 되는 것이야말로 가장 빠르고 확실한 신분 상승의 기회다. 일단 대중에게 얼굴을 알리거나 작품이 대박을 터뜨리면 몸값은 천정부지로 치솟는다. 그래서 운이라는 것이 제아무리 보이지 않아도 기대를 하게 된다. 하루아침에 라이징스타로 만들어줄 일을, 또 간밤에 수십억이 입금되는 셀럽의 삶을.

하지만 운도 공짜란 없다. 스포트라이트에는 그만한 대가가 뒤따른다. 사랑과 관심이 늘어날수록 크고 작은 구설과 잡음이 끊이지 않는다. 어떻게 보면 연예인의 숙명과도 같다. 대중의 인기를 먹고 사는 직업이라면 당연히 감내해야만 하는 것. 어쩌면 부와 명예를 얻는 대신 자유와 존엄을 내주는지도 몰랐다. 그날도 우연히 돌린 TV 채널에서 데자뷔처럼 비슷한 광경을 마주하고 있었다.

*

"10년 만에 복귀하셨는데 두렵지 않으세요?" 한 기자가 물었다.

"비가 내리는 날 외출을 하면서 어떻게 비를 한 방울도 안 맞을 수 있겠어요. 우산을 쓰고 나가더라도 옷깃이 젖는 일쯤은 감수해야죠."

결혼과 동시에 은막을 떠난 최정상 배우가 연예계 복귀를 선언하는 공식 기자회견장이었다. 10년이라는 긴 세월이 무색하리만치 범접할 수 없는 아우라가 흘렀다. 그냥저냥 진행되는 평범한 인터뷰가 아니었다. 기업 주가가 출렁일 정도였다. 카메라 플래시를 연신 터뜨리는 취재진 사이로 짓궂고 곤란한 질문들이 튀어나왔다.

하지만 미디어의 열기와 달리 대중들의 반응은 갈렸다. 정점을 찍다 사라져버린 배우가 돌연 은퇴를 번복한 것이나 다름없었기 때문이다. 복귀에 배신감을 느낀다는 쪽과 두 손 들어 환영한다는 쪽이 극명하게 나뉘었다.

그런데 어찌 된 일인지 배우는 여유가 넘쳤다. 한 치의 흔들림도 없었다. 꼿꼿한 자세와 결연한 눈빛마저도. 마치 이런 반응을 예상이나 한 것 같았다. 오래전부터 머릿속으로 그리며 예행연습을 해왔던 것처럼 말이다. 대체 비결이 뭘까? 앞서 배우가 한 말은 '작은 손해나 구설은 감수할 수 있다', '비난이나 악플도 연연하지 않겠다'는 의미였다. 그러한 자기확신이 바로 카메라 앞에서 당당하고 흔들림 없는 자세를 만들어주었다.

　·

이처럼 자기 분야에 두각을 드러내는 이들은 한 치 앞을 내다보는 스케일부터가 다르다. 작은 손해나 구설쯤은 성공을 다지는 작은 타협 정도로 삼았다.

대한민국 재계 순위 8위로 꼽히는 신라호텔 이부진 사장이 좋은 사례다. 수년 전 80대 택시 운전기사가 서울 장충동 신라호텔 회전문으로 돌진하는 사고가 있었다. 직원들이 부상을 입었고 호텔 회전문은 완파되었다. 피해액은 5억 원 수준이었다. 신라호텔이 변상을 청구하면 수억 원을 부담해야 하는 상황. 이 사장은 사고 전반을 보고 받은 뒤 택시 기사의 집을 방문해 상황을 살펴달라고 주문했다. 그리고 몸이 성치 않은 부인을 돌보는 상황에서 변상을 요구하는 대신 오히려 치료비를 건네며 사건을 마무리했다. 훗날 이 같은 사연이 언론을 통해 알려지며 사람들은 놀라워했다. 작은 것에 연연하지 않는 마음이 돈으로 환산 불가능한 홍보 효과를 불러왔던 것이다.

월드스타 비도 마찬가지였다. 비는 수년 전 발매했던 곡으로 이례적인 조명을 받았다. 그런데 좋은 의미의 재조명, 역주행이 아니었다. 유행이 한참 지나버린 촌스러운 가사와 퍼포먼스가 요즘 세대의 조롱과 희화의 대상이 되었다. 하지만 그는 발끈하기는커녕 오히려 즐기는 태도로 여론을 돌려세웠다. 이제 노래와 춤을 조롱하던 사람들은 그를 좋아하고 존경하게 되었다. 급기야 거액의 광고 러브콜을 받으며 다시 한번 스타덤에 올랐다.

만약 그가 눈앞의 이익이나 평판에 급급했다면 어땠을까? 명예훼손이라며 불쾌함을 드러냈다면 이렇게 대중의 호의적인 반응을 이끌어낼 수 있었을까? 비호감을 호감으로 뒤집은 데는 그만한 비결이 있었다. 주어진 상황을 유리하게 몰고 가는 '운장'의 자세가 있었기 때문이다.

*

《손자병법》을 지은 손무는 장수를 용장, 지장, 덕장으로 구분했다. 용장은 장비처럼 능력이 출중하여 일을 앞장서 해결하는 타입의 장수이고, 지장은 제갈량처럼 지략이 뛰어난 전략가 스타일의 장수이다. 덕장은 유비처럼 덕행이 훌륭해 휘하에 지장과 용장이 몰려드는 장수로 불린다.

용장은 지장을 이기지 못하고, 지장은 덕장을 이기지 못한다. 하지만 세 장수들이 아무리 날고 기어도 절대 이기지 못하는 장수가 있었으니 바로 '운장運將'이다. 운장은 하늘이 내린 장수로 어찌할 도리가 없다.

앞서 기자회견으로 복귀 소식을 알렸던 배우는 스스로 운을 다스리며 두 자릿수 시청률로 화려한 컴백을 했다. 작은 일에 연연하지 않고 멀리 내다보는 자기확신이 지금보다 성공을 더 크게 불리는 기폭제가 되었다.

잘되는 사람은 스케일부터 남다르다. 작은 것을 손해 보더라도 큰 이익을 가져간다. 반대로 매사에 일이 꼬이고 안되는 사람은 큰 것을 손해 보고 작은 이익을 얻어간다. 보잘것없는 운에 연연하다가 꼭 필요한 운을 놓치는 것이다. 그러니 작은 일에 일희일비하거나 운을 허비해서는 안 된다.

좋은 운은 누구에게나 찾아온다. 그 운을 얼마만 한 사이즈로 잡을지는 결국 나 자신이 정할 문제이다.

손끝으로 3초 만에
길을 확인하는 법

인간이 태어나 죽을 때까지 피할 수 없는 두 가지가 뭘까. 바로 '실패'와 '세금'이다. 세금은 나라님도 어찌할 수 없다. 하지만 실패는 길을 찾으면 어찌해볼 수 있다.

이 같은 사실을 일깨워준 과거의 은사님이 계셨다. 나는 불과 1년 전까지만 해도 그분의 존재를 까마득하게 잊고 있었다. 하지만 운을 읽게 된 이후로 자꾸만 떠오르는 어떤 순간이 있었다. 은사님이 나에게 인생의 비밀 하나를 알려주신 바로 그 수업이다.

삶이 늘 제자리걸음 같아서 괴로운 사람들에게 '인생은 이렇게 나아가는 것이다'라는 것을 들려주고 싶다. 한 발 한 발 걸어도 충분히 잘 갈 수 있다고 말이다.

때 이른 봄이었다. 항상 존경하고 따르던 초로의 교수님이 오 랜만에 식사 자리에서 말씀하셨다.

"사람들은 늘 무언가를 하고 있으면서도 하지 않는 기분에 시달 려. 돈과 성공을 간절히 바라는 사람일수록 더 그렇지. 하지만 사 실 아무것도 하지 않는 사람은 없단다. 주부는 살림을 하고, 학생 은 수업을 듣고, 직장인은 일을 하지. 그런데 나만 뒤처지는 것 같 고, 나만 부응하지 못하는 것 같은 조바심이 생기면 그 사람의 세 계관 자체가 부정적으로 바뀌어. 그래서는 절대 성공할 수 없어."

"왜요, 교수님?"

"생각해보렴. 손을 놓고 있다는 생각은 무능하다는 패배감으로 이어지거든. 그러다 보면 부자라는 집단은 영영 나와는 다른 세 계로 인식돼. 성공에 대한 감각은 갈수록 멀어지고, 실패의 기억 만 깊숙이 자리하게 되지. 그러면 성공은 남의 일 같아지는 거야. 마음에서 멀어지니 몸에서도 멀어질 수밖에."

일리 있는 이야기였다. 역으로 실패에 대한 심리적 저항감을 낮추면 성공에 대한 감각을 늘릴 수 있다. 바꿔 말해, 성공 횟수 를 늘리면 실패 횟수는 그만큼 줄어들게 된다. 또 부에 가까워질 수 있다.

실제로 어디선가 보았던 연구 결과도 이를 뒷받침했다. 어느

보고서에 따르면, 인간이 나쁜 기억을 더 오래 간직하는 것은 생존본능과 직결되어 있다고 한다. 수풀 사이로 보이는 조그만 털뭉치가 토끼나 노루의 것이 아니라 사자의 꼬리였다면 어떨까? 그 사자에게 잡아먹히지 않으려고 죽을힘을 다해 도망쳐 겨우 살았다면 우리 조상들은 갈색 털뭉치는 무조건 피하라는 나쁜 기억 혹은 공포증을 뇌에 새길 것이다. 생존을 위협하는 일이 벌어질 때마다 나쁜 기억이 데이터베이스로 쌓인다. 자식들도 살아남기 위해 조상의 나쁜 기억을 간직해야 한다.

그래서 뇌는 나쁜 경험을 다시는 반복하지 않기 위해 이를 장기기억으로 전환시킨다. 즉 실패의 경험을 위협이나 공포로 받아들이면 특정 사건에 대한 기억과 감정이 오래 남는다. 그럼 실제와 달리 실패 경험 위주로 과거를 기억할 수밖에 없다. 이것은 성공과 점점 멀어지는 지름길이다. 결국 나약한 인간의 체감능력은 현실을 전혀 반영하지 못한다. 실패라는 하등 쓸데없는 기억의 조각들이 부자로 가는 길을 막는 것이었다.

"그럼 교수님께서는 어떻게 하세요? 인생이 제자리걸음일 때, 조금도 나아가고 있다는 생각이 들지 않을 때 말이에요. 알고 싶어요."

"성공에 대한 생각을 바꾸면 되지. 눈으로 직접 보는 거야."

"눈으로요?"

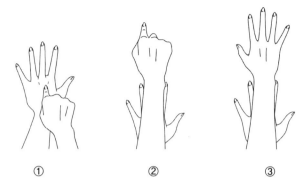

①   ②   ③

＊

세금은 나라님도 낸다지만 실패는 줄일 수 있다. 교수님의 이론대로라면 불가능한 일이 아니었다. 그리고 성공을 눈으로 보는 방법은 생각보다 간단했다.

먼저 1번 동작처럼 왼손을 펼친다. 이곳은 인생의 축소판이다. 그리고 오른손 검지손가락은 곧 자기 자신을 가리킨다. 지금 이 길 위에 우리가 서 있다. 그 앞에 다섯 갈래의 손가락이 인생의 여정처럼 펼쳐져 있다.

이 길로 갈까, 저 길로 갈까. 보통의 사람들은 왔다 갔다 고민만 하느라 인생의 두 번째 마디를 넘어가지 못한다. 세월의 정중앙에서 아까운 시간만 허비해버리는 것이다. '조금만 가면 도착인데.' 대부분은 이 '조금만'을 참지 못하고 발길을 돌려세운다.

길을 잘못 들어선 것 같다며, 내 길이 아닌 것 같다며 말이다. 사실 눈앞의 모퉁이만 바로 돌면 목적지가 있었다. 하지만 이제 알았다. 정말 '조금만' 더 가면 된다는 사실을. 이번에는 힘을 주어 걸어갈 차례다. 어느 쪽으로든 끝까지 가보는 것이다.

2번 동작과 같이 하나의 갈래를 선택해 끝까지 가본다. 조금만 걸으면 된다. 그렇게 손목 안쪽 깊숙이까지 나아갔을 때 3번 동작처럼 오른손을 활짝 펼쳐본다.

보이는가? 한 걸음 나아갔다. 이렇게 또다시 길이 시작된다. 그 상태에서 다시 손을 바꿔본다. 이번에는 반대로 왼쪽 검지손가락이 나 자신이다. 오른손을 펼치고 다시 1번에서 3번 동작까지를 반복한다. 그렇게 또 한 걸음, 손을 바꿔 다시 또 한 걸음. 인생이란 이런 것이다. 작은 걸음, 걸음이 모여 길을 만들고, 스스로 인생 전체를 완성해나간다.

일단 한쪽 발만 떼도 승리다. 끝까지만 걸어도 성공이다. 별것 아닌 것 같아도 성공 경험을 더 자주, 더 많이 각인시키면 실패에 대한 기억은 순식간에 줄일 수 있다.

·

그때부터였을까. 일이 풀리지 않아 답답할 때마다 나는 이 손동작을 의식적으로 따라 했다.

은사님이 알려주신 방법대로 조금씩 앞으로 나아가본다. 대체 어느 길로 가고 있는지, 방향은 제대로 잡은 것인지, 앞으로 나아가고 있는지 확신이 필요할 때마다 이 모션을 떠올린다. 실제로 막연한 불안감이 집어삼키려고 할 때, 조금이나마 위로를 받을 수 있었다. 실제로 나와 비슷한 감정을 경험한 사람들이 적지 않았다.

"성공한다는 게 이런 것이군요."

"허투루 살지 않은 기분이 드네요."

"이젠 습관처럼 실천하고 있어요."

거기서 그치지 않았다. 방향을 잃고 나 혼자 뒤처진 것 같다고 말했던 사람들이 조급했던 마음을 진정시키고 하나둘 여유를 찾기 시작했다. 성미가 급해 무슨 일이든 포기가 빨랐던 한 친구는 투자 마인드까지 바뀌었다고 했다. 비상장 회사에 투자했던 주식을 끈기 있게 묵힌 끝에 큰 수익을 얻었다며 기쁜 소식을 전해왔을 정도다. 손끝으로 3초 만에 성공을 확인할 수 있는, 효과적인 마인드컨트롤 방법이 아닐 수 없다. 나는 이 모션이 꼭 필요한 사람에게 제대로 전해졌다는 생각이 들었다.

오늘도 한 손 한 손 작은 걸음을 내디딘다. 매일의 방향을 다시금 설정한다. 그러다 보면 깨닫는 시점이 온다.

"내가 조금씩 나아가고 있구나."

아무런 의심 없이 손끝을 향해 걷다 보면 어느새 인생은 저만치 나아가 있다. 인생이 어디쯤 와 있는지 알 수 없을 때, 또 얼마나 더 가야 하는지 궁금해질 때. 손끝으로 가볍게 성공을 체험해 보라. 날마다 새겼던 수많은 걸음이 모여 당신이 그토록 원하던 운을 끌어당길 것이다.

내가 젊고 자유로워서 상상력에 한계가 없을 때
나는 세상을 변화시키겠다는 꿈을 가졌었다.
좀 더 나이가 들고 지혜를 얻었을 때
나는 세상이 변하지 않으리라는 것을 알았다.
그래서 내 시야를 약간 좁혀
내가 살고 있는 나라를 변화시키겠다고 결심했다.
그러나 그것 역시 불가능한 일이었다.
황혼의 나이가 되었을 때 나는 마지막 시도로
나와 가장 가까운 가족을 변화시키겠다고 마음먹었다.
그러나 아무것도 달라지지 않았다.

이제 죽음을 맞기 위해 자리에 누운 나는 문득 깨닫는다.
만약 내가 내 자신을 먼저 변화시켰더라면,
그것을 보고 내 가족이 변화되었을 것을.
또한 그것에 용기를 얻어 내 나라를
더 좋은 곳으로 바꿀 수 있었을 것을.

그리고 누가 아는가, 세상까지도 변화되었을지.

모든 것은 나로부터 시작된다.

그리고 모든 것은 내 안의 문제다.

이것은 영국 웨스트민스터 사원의 어느 묘비에 적힌 글이다. 묘지의 주인은 이제 세상을 떠나고 없다. 하지만 중요한 교훈을 남겼다. 한걸음에 도착할 수 있는 인생은 어디에도 없다는 사실을 말이다. 그저 한 발 한 발 나아가다 보면 그 걸음들이 모여 커다란 성공으로 우리에게 돌아올 뿐이다.

누구나 걱정되고 불안하다. 불확실한 세상을 확신할 용기도 대부분 없다. 하지만 해봐야 부질없는 고민, 걱정, 불안을 곰 세 마리처럼 어깨 위에 얹고 걷기란 너무 힘든 일 아닌가. 긍정도 부정도 아닌 가벼운 마음으로, 그냥 내 길을 떠나면 된다. 그렇게 나에게서 시작된 한 걸음은 결국 다시 나에게 돌아온다. 모든 운이 '나'로부터 시작된다는 의미가 바로 이것이다.

아는 만큼
돈이 되는
오행 에너지

○○○○년 ○○월 ○○일, ○시 ○분

	丙		

· **오행별 일간 보는 법** ────────────

① 무료 만세력 사이트에 접속해 생년월일시를 입력한다.

② 여덟 글자 가운데 윗줄 두 번째 글자가 자신이 된다.

③ 오행별 성향을 참고해 돈을 끌어당기는 나만의 에너지를 찾는다.

· **오행별 성향 찾는 법** ────────────

화(火) 일간

병화(丙): 태양처럼 밝은 특성을 지닌다. 만인의 일간으로도 통한다.
　　　　　정이 많고 사교적이라 사람 상대하는 일을 하면 좋다.

정화(丁): 촛불과 같은 물상으로 안정적인 성향을 띤다. 주목받는 일에 특화되어 있어 예술 계통으로 일을 하면 유리하다.

수(水) 일간

임수(壬): 너른 바다처럼 스케일이 크다. 독창성을 추구하며 활동성이 강하니, 한곳에 머무르기보다 큰 사업을 추천한다.

계수(癸): 차가운 빗물의 모습이다. 속내를 잘 비치지 않으며 머리 회전이 빨라 자영업 등, 실용적인 사업을 택하면 길하다.

목(木) 일간

갑목(甲): 큰 나무처럼 뻗어나가는 물상이다. 리더 기질이 있고 명예 지향적이라 정치, 교수 직종으로 가면 성공할 수 있다.

을목(乙): 작고 여린 나무와도 같다. 눈치가 빠르고 이해타산에 밝다. 특히 언변에 능해서 상담이나 심리 쪽으로 가면 좋다.

금(金) 일간

경금(庚): 큰 바위로 우직한 성향을 지녔다. 자신만의 원리원칙이 있고 판단력이 뛰어나, 공직이나 검경 계통에서 크게 벌 수 있다.

신금(辛): 제련된 보석이자 금속의 물상. 완벽주의자에 가깝다. 섬세하고 정밀한 작업을 요하는 전문직이 잘 어울린다.

토(土) 일간

무토(戊): 광활한 대지와도 같다. 무엇이든 조율하는 성향을 지녔다. 따라서 해외와 관련된 일, 무역이나 중개업이 제격이다.

기토(己): 촉촉한 흙으로 대변된다. 실속과 실리를 잘 챙겨서 사회생활에 적합하다. 조직이나 단체 생활로 대성할 수 있다.

관계의 심리

5장

돈은
이기적인 사람을
좋아할까?

재벌 팔자, 다른 인생

"재벌 팔자라는데 내 인생은 왜…?"라는 사람들이 있다.

이름만 대면 아는 모 그룹의 회장 사주는 인터넷만 검색해도 손쉽게 접할 수 있다. 그럼 꼭 이런 댓글들이 밑으로 달린다. 회장과 똑같은 일과 시를 타고났으니 자신도 부자가 될 수 있겠다고 말이다.

이론적으로라면 같은 삶을 사는 것이 맞다. 하지만 유명인과 똑같은 시기를 타고났는데도 부촌 근처도 못 가봤다는 사람이 수두룩하다. 사실 같은 팔자를 가지고도 180도 전혀 다른 삶을 살아가는 사람들이 대다수다. 쌍둥이들만 봐도 그렇다. 한배에서 똑같이 열 달을 품고 나왔는데도 성격과 취향이 전혀 다른 경우가 비일비재하다.

"운명론은 이미 정해진 거 아니에요?"

"사주는 통계라더니 그건 아닌가 봐요?"

반문이 얼마든지 나올 수 있다. 궁금해진다. 운명이란 정해져 있는 것이 아닌가. 한날한시에 태어나도 전혀 다른 운명을 타고 난다면, 무엇이 운명을 결정하고 인생을 바꾸는지 알고 싶다.

＊

두 아이가 있다. A와 B라고 부르겠다. 이 아이들은 태어난 날 짜도, 태어난 시간도 똑같다. 심지어 이름마저도 비슷하다. 두 아 이 모두 자유분방한 성향을 지녀 국내보다는 해외가 환경적으로 잘 맞는다. 언어 쪽으로도 뛰어나서 어학 공부를 시키면 크게 될 수 있을 것 같다.

A는 부모님이 경제적으로 여유로워서 어렸을 때 유학을 보냈 다. 언어 습득능력이 뛰어나 무려 5개 국어를 하는 국제 변호사 로 명성을 날리는 중이다. 또 자신의 성공적인 인생 이야기를 책 으로 집필해 베스트셀러 작가로까지 이름을 드높였다.

그런데 B는 상황이 달랐다. 평범한 집안에서 자라다 보니 유학 이 어려웠고 기본적인 학교 공부만 할 수 있었다. 다행히 성적은 잘 나와서 지방 국립대에 수석으로 합격했다. 하지만 장남이라는 책임감이 무거웠는지 B는 공부를 하기보다 빨리 사회에 나가 돈을 벌어야겠다고 생각했다. 그래서 졸업과 동시에 학원 강사가 되어 지역 입시학원가에서 이름을 알렸다.

같은 날, 같은 시간에 태어났는데 너무도 다른 인생이다. 한 사람은 국제 변호사로 이름이 나 유명인사가 되었고, 다른 한 사람은 학원을 운영하며 강사로 이름을 알렸다. 어느 쪽이 좋다는 말이 아니다. 스케일이 다르다. 왜 두 사람의 인생은 이렇게나 달라진 것일까? 타고난 재능이 아무리 많아도 기회가 제공되지 않으면 소용이 없다. 사람의 운명이 달라지는 것도 여기에서 차이가 난다.

바로 '특수관계인'이다. 자신의 삶에 크게 영향을 주는 사람들 말이다. 특수관계인은 어린 시절에는 부모가 될 수 있고 성인이 되어서는 배우자가 될 수 있다. 이 때문에 똑같은 운명을 타고나도 많은 것이 바뀌어버린다.

특히 어린 시절은 부모의 영향이 결정적이다. 아무리 자아가 직성대로 뚫고 나가려 해도 부모가 제지하면 방법이 없다. 영유아 때는 물론이고 유, 초등 이후까지도 대부분의 것을 부모가 결정해준다. 그러니 인간에게 부모는 모든 세상이고, 우주의 전부다. 부모가 미치는 파급력이 클 수밖에 없다.

그러면 꼭 이렇게 말하는 사람들이 있다.

"그럼 금수저 부모님만 만나면 되는 거 아니에요?"

하지만 꼭 그렇지도 않다. 여기 또 다른 두 아이가 있다. C와 D라고 하자. 이 두 아이 역시 태어난 날짜와 시간이 똑같다. 기본적으로 둘 다 주목받는 것을 즐기고 자신의 끼를 발산해 어필하는 능력을 크게 가지고 태어났다.

C는 어린 시절에 유명 연예기획사 근처에서 자랐다. 등하굣길에 자연스럽게 연예인의 꿈을 키우게 되었고 우연한 기회에 캐스팅이 되었다. 그렇게 만 스무 살이 되기 전에 데뷔했다. 마치 물 만난 고기처럼 무대에만 올라가면 신이 났다. 하늘이 내려준 천상 아이돌이었다. 끼와 능력이 출중하던 차에 좋은 운을 잡고 천직을 얻은 셈이었다. 지금의 삶이 스스로도 만족스러웠다.

반대로 D는 법조인 집안에서 자랐다. 돈이면 돈, 인맥이면 인맥…, 물질적인 지원이 풍족하게 따라주었다. 하지만 "뭐? 연예인? 어쩌다 우리 집안에 저런 돌연변이가 나왔지?!" 구중만 들으며 자랐다. 훗날 D는 부모님의 뜻에 따라 법대에 가고 변호사 시험에 도전했지만 결국 실패하고 진로를 바꿔 회계사가 되었다. 평범한 회계사로 살아가는 와중에도 D에게는 다른 삶에 대한 욕망이 들끓었다. 주체하는 끼를 누르지 못할 때면 클럽이라도 가야 직성이 풀렸다. 내면 깊은 곳에는 무대에 서고 싶다, TV에 나오고 싶다는 응어리가 남아 있었다.

D처럼 아무리 금수저 집안에서 태어나도 부모가 타고난 가능성을 몰라주면 소용이 없다. 우리가 태어나는 순간 가장 먼저 만나는 존재가 특수관계인이어서다. 집안의 환경, 분위기, 부모의 능력과 사고방식 등이 전부 다르기 때문에 인생의 결과물도 확연히 달라질 수밖에 없다.

물론 아무리 부모의 영향력이 커도, 자신의 의지대로 삶을 개척해나가는 사람이 있다. 인간은 자유의지라는 것이 있으니, 내 운명은 내가 선택하겠다고 결심하면 또 달라지는 것이 인생이다. 부모 같은 특수관계인은 개인의 삶에 영향을 줄 뿐이지, 운명을 뿌리째 뒤흔드는 절대값이 아니기 때문이다. 실제로 자수성가한 부자들을 살펴보면 의외로 부모복이 없는 경우가 많다.

여기서 "나는 부모복이 없어", "성공 못 할 거야"라는 사람은 딱 거기까지다. 하지만 역으로 그조차 자신을 단련시키는 망치질로 여기는 사람은 또 잘된다. 인간은 어느 정도 구르면서 역치를 키워야 힘든 성인의 삶을 버틸 수 있다. 부모나 환경의 영향을 어느 정도 받을 수는 있지만 인생 전체를 좌우한다는 생각을 버리는 것이다.

그러니 한번 유심히 자신의 인생을 둘러볼 필요가 있다. 내게 영향을 주는 특수관계인은 누구인지, 주위에 나의 가능성을 알아봐주는 누군가가 있는지. 한 명이라도 존재한다면 그것만으로도 당신은 천운을 타고났다. 하지만 없다고 해도 상관없다. 주위에 나를 끌어줄 사람이 있으면 좋겠지만, 없더라도 인생에 크게 장애가 되지 않기 때문이다. 결국 좋은 운을 끌어당기는 가장 빠른 방법은 인생의 구원자는 나밖에 없다는 사실을 깨닫는 것뿐이다. 내가 나를 믿고 가능성을 키워나가면 된다.

좋은 남자와 결혼하는
여자들의 비밀

'남들 다 하는 연애인데 왜 나는 눈물 마를 날이 없을까.'

C는 예쁘장한 외모에 성격도 활달해 인기가 많았다. 친구들은
그런 그녀를 부러워했다. 외모면 외모, 스펙이면 스펙, 무엇 하나
꿀릴 것 없는 남자들을 잘도 돌아가며 만났기 때문이다. 주위 사
람들은 하나같이 C에게 '남자복이 많다'고 했다. 그렇지만 정작
당사자의 이야기는 달랐다.

"나는 늘 이상한 남자들만 꼬여…. 꼭 쓰레기 같은 놈들만!"

실제로 그랬다. 주변에 그녀를 좋아한다는 남자들은 넘쳐났다.
하지만 진심에서 우러나와 한결같은 마음으로 사랑해주는 남자
는 없었다. 교제하기 전에는 명품 주얼리부터 달콤한 이벤트까지
물질 공세가 끊임없이 이어졌다. 하지만 사귀고 나면 본색을 드

러냈다. 바람을 피우질 않나, 양다리를 걸치지 않나…. 심지어는 대출을 부탁하기까지 했다. 하지만 C에게 연애 공백기란 존재하지 않았다. 이별도 잠시뿐. 그 이상한 남자들을 치우기가 무섭게 보란 듯이 새로운 연애를 시작했다. 물론 끊이지 않고 이성이 따라붙었기에 가능한 일이었다.

C는 정말 남자복을 타고났을까. 대개는 연애를 많이 해볼수록 결혼도 잘한다고 이야기한다. 물론 그럴 수도 있다. 연애를 여러 번 하다 보면 '사람 보는 눈'이란 것이 생겨서다. 하지만 그렇다고 해서 무조건 결혼을 잘한다는 보장은 없다. 연애와 결혼은 전적으로 다르다.

연예인들만 봐도 그렇다. 손해라고는 요만큼도 보지 않을 것 같은 야무진 이미지라도, 결혼 후 몇 년이 지나 사기 결혼을 당했다며 눈물 흘리는 모습을 심심치 않게 볼 수 있다. 한마디로 연애를 많이 해봤거나 세상 물정을 잘 안다고 해서 반드시 성공적인 결혼으로 이어진다는 보장은 없다.

그렇다면 진정한 '남자복', '여자복'이란 무엇일까. 이성에 대한 복은 크게 두 갈래로 나눌 수 있다. 바로 '인연운'과 '결혼운'이다. 운의 세계에서는 이를 정확하게 구분해 사용한다.

인연운은 말 그대로 인연이 많다는 뜻이다. '옷깃만 스쳐도 인연'이라는 말이 있듯이 정말 스쳐만 가는 케이스를 말한다. 이 사람 저 사람 만날 기회가 많고, 어느 모임을 가도 주목을 받는다. 하지만 말 그대로 인연이 많을 뿐이지 좋은 배우자를 만나는 것과는 다르다.

결혼운을 보면 알 수 있다. 이것은 진짜 '결혼을 잘하는 운'을 의미한다. 연애는 잘 풀리지 않는데 결혼은 쉽게 하는 경우다. 이성을 만날 기회나 방도가 적은 대신 좋은 사람과 결혼할 수 있다. 따라서 인연운은 있는데 결혼운이 없을 수도 있고, 인연운은 없는데 결혼운이 있을 수도 있다.

그렇다면 여기서 말하는 '좋은 사람'이란 대체 어떤 사람일까? 대개는 사회적으로 '좋은 조건'을 먼저 떠올릴 것이다. 하지만 나는 이 같은 좋은 사람의 기준이 모두에게 통용되지 않는다는 사실을 자주 목격하곤 했다.

　·

누가 봐도 잘한 결혼이었다. 여자는 평범한 회사원, 남자는 치과의사. 병원에 사랑니 치료를 하러 왔다가 환자와 의사 관계로 서서히 사랑이 싹텄다. 여자는 꼭 '조건 좋은 남자'와 결혼을 하려 했던 것은 아니다. 오히려 그런 생각은 추호도 없었다. 그녀 자신은 결혼을 하면서도 잘했다는 자각조차 들지 않았다. 그도 그럴 것이 지금 자신이 다니고 있는 의류회사에서 쌓은 커리어에 자부심을 느끼고 있었다. 정작 당사자보다 주변에서 더 부러워하는 결혼이었다.

"남편이 치과의사래. 웬일이니."

"얘, 인생 폈다 폈어."

"이제 일 관두고 노는 거야?"

사랑으로 하는 결혼이라고 아무리 이야기해도 곧이곧대로 믿어주지 않았다. 마침 사랑에 빠졌는데 하필 그 사람이 치과의사였지만, 주위에서는 '여자가 잘 잡았네' 하는 색안경 낀 시선이 대부분이었다.

남편은 부산까지 진출해 병원을 크게 열었다. 한참 사세를 확장하느라 바쁜 나날이었다. 그녀는 바쁜 남편을 내조하느라 회사를 휴직할 수밖에 없었다. 또 남편이 주최하는 모임이나 행사에 동행할 때면 체면치레로라도 자신을 꾸며야 했다. 착용하는 가방과 옷 브랜드가 하나둘 자연스럽게 바뀌었다. 하지만 좋은 옷, 비싼 가방을 들어도 만족스럽지 않았다. 그녀는 자신의 이름을 내건 사업을 하고 싶었고, 남편을 내조하기보다 외조를 받고 싶었다. 피크를 찍은 시점에 놓아버린 자신의 커리어가 못내 아쉬웠다. 패션디자인 전공과 의류회사 경력을 버리기에는, 30대라는 나이가 너무도 젊고 아름다웠던 것이다.

그녀의 고민이 깊어지자 남편의 불만도 커졌다. 막상 남편을 도와주기 위해 휴직을 했지만, 활동적인 그녀가 집에서만 지내려니 갑갑하고 지겨웠다. 날이 갈수록 두 사람은 다툼이 늘었다. 그러자 가정불화는 어느새 창문 틈을 새어나가 바깥 일에도 영향을 주게 되었다. 남편은 병원 경영에 좀처럼 집중하지 못했고, 그럴 때마다 환자들도 눈에 띄게 줄었다. 결국 두 사람의 결혼은 실패로 끝나고 말았다.

상대의 운에 따라, 나의 운이 바뀐다. 두 사람의 운은 처음부터 잘못된 결합이었다. 자신을 드러내기보다 누군가를 서포트하는 일이 더 잘 맞는 여자였다면 분명 남부러울 것 없는 결혼이 되었을 것이다. 하지만 여자는 목장의 들소처럼 자신을 너른 들판에 풀어주는 남자를 만나야 행복한 사람이었다. 자신에게 필요한 성향과 정반대인 남편을 만났으니 결혼생활이 행복할 리 없었다. 이 두 사람은 시너지가 나서 운이 좋아지는 경우가 아니라, 오히려 상대의 운을 빼앗는 경우였다. 그러니 성공한 결혼이란, 배우자의 스펙이나 재산이 아니라 서로의 운을 더 좋게 만드는 결합이 좌우하는 것은 아닐까.

하지만 사람들은 보통 자신보다 나은 조건의 배우자를 원하고 또 그것이 잘한 결혼이라고 믿는다. 하지만 이렇게 되면 누군가는 손해 보는 사람이 생긴다.

누더기 신데렐라가 돈 많은 왕자와 결혼을 했다. 신데렐라에게는 매우 잘한 결혼일 수 있다. 하지만 왕자 집안에서는 아니다. 희생이고 손해다. 평생 신데렐라를 먹여 살려야 하는, 즉 밑지는 결합이 되기 때문이다. 한마디로 두 사람 모두에게 좋은 결합은, 서로의 합이 시너지를 내는 관계여야 한다. 서로에게 귀인이 되어주는 만남 말이다.

초밥집을 운영하는 젊은 부부가 있었다. 부부의 가게는 매일 손님들로 문전성시를 이루었다. 두 사람의 호흡은 가히 환상적이었다. 아내는 주방에서 초밥을 만들었는데 그 솜씨가 일본 스시 장인이 부럽지 않았다. 남편은 호감형 외모에 서글서글한 성격의 소유자였다. 아르바이트생 하나 없이 카운터는 물론 홀서빙까지 완벽하게 1인 2역을 해냈다.

그뿐 아니었다. 남편은 활어 유통업자를 통해 들여오던 비싼 횟감들 대신, 통영으로 달려가 직거래를 뚫고 좋은 생선을 저렴하게 받아오는 수완까지 보였다. 신선한 재료에 환상적인 맛과 친절한 서비스까지 더해진 부부의 초밥집은 연달아 분점을 내며 순이익을 30% 이상 늘릴 수 있었다. 입소문이 퍼져 큰 인기를 끌게 되자 대형 백화점 3사가 나서 입점 러브콜을 보내올 정도였다.

사실 처음부터 두 사람이 함께한 일은 아니었다. 초밥집을 홀로 운영하던 아내의 가게에 남편이 아르바이트생으로 뛰어든 것이 인연의 시작이었다. 아내는 수준급의 요리 실력을 갖추었지만 낯을 많이 가리는 성격이어서 장사가 체질에 맞지 않았다. 반면 남편은 붙임성이 좋아 사람을 상대로 하는 장사가 제격이었다. 자기 분야에서 최고인 두 사람이 만났으니 시너지가 나지 않을 리 없었다. 젊은 부부는 서로의 부족한 부분을 채우며 운을 상승시키고 있었다.

비슷한 예로, 리니지를 개발한 엔씨소프트의 김택진 대표 역시 마찬가지다. 그는 처음에 자본금 1억 원으로 작은 회사를 설립했다. 그러다 지금의 아내와 결혼하고 부부가 함께 경영을 하면서 회사를 더욱 발전시켰다. 인공지능 개발에 힘을 쏟는 등 서로의 재능이 시너지를 낸 것이다. 또 국내 게임사로서는 최초로 프로야구 구단주가 되는 등 여러 방면에서 큰 성공을 거둘 수 있었다.

'합'이란 것이 이렇게나 중요하다. 귀인을 알아보는 것만으로도 인생이 달라질 수 있으니 말이다. 단, 두 사람이 만들어내는 결과물이 꼭 돈이 아닐 수도 있다. 세간에서 이야기하는 '잘한 결혼'이란 언제나 남에 의해 평가를 받는 법. 한집에 사는 당사자들이 행복하다는데 과연 누가 돌을 던질 수 있을까.

홀어머니 아래서 외롭게 자란 사람이 심리적 안정감에 목말라 있다면, 돈을 적게 벌어올지라도 자신의 곁을 지키는 살가운 상대가 귀인일 수 있다. 반대로 인생 최대의 가치가 돈이라 부자가 되고 싶은 사람에게는 매사 파이팅 넘치게 재테크를 하는 상대가 귀인이다. 결국 '잘한 결혼'을 판단하는 기준은 절대적으로 '나'에게 두어야 맞다.

결혼을 잘하고 싶다는 사람들에게 내가 늘 이야기하는 것이 있다.

"인생에서 귀인을 만나고 싶다면, 먼저 다른 사람에게 귀인이 되어주세요. 그게 결혼으로 성공하는 진정한 길이랍니다. 받으려고만 해서는 안 돼요. 신데렐라 입장에서는 좋겠지만 왕자 입장에서는 손해잖아요. 그러면 상생이 아니라 상극인 결혼이 될 뿐이에요.

나에게 좋은 상대인지 아닌지의 기준은 언제나 나 자신을 중심으로 판단하세요. 그러면 남에게 평가받는 결혼이 아니라 자신이 평가하는 결혼을 할 수 있어요."

서로가 합을 이루어 시너지를 내는 관계. 어느 한쪽도 득하거나 실하는 일 없는 같은 가치의 만남. 서로의 운을 섞은 남녀가 부자가 되어 살아가는 방법이었다.

사람에게 에너지를
빼앗기지 마라

　사람은 곧 '운'이요 '돈'이다. 세상 사람 누구와도 쉽게 연결될 수 있는 요즘 너도나도 인맥 늘리기에 혈안이다. 많이 알면 알수록 좋다는 사람들은 문어발 식으로 연락처부터 저장하고, 도움이 되는 사람만 아는 것이 좋다는 사람들은 등급별로 사람을 관리하기도 한다.

　하지만 생각해볼 일이다. 정말 아는 사람이 많을수록 더 많은 도움을 받았는가. 가장 많은 시간과 정성을 투자했던 사람이 당신을 도와주었는가.

　길에서 쓰러진 사람을 살리는 것은 얼굴도 모르는 생면부지의 타인이고, 재난재해 소식에 위로와 구호의 손길을 보내는 것도 처음 보는 이웃이다. 살아가다 보면 알고 있는 인연보다 뜻밖의 인연이 호운으로 작용하는 경우가 더 많다. 우리는 이를 '행운'이라고 이야기한다. 그렇다면 귀인을 좌우하는 운이란 대체 어디서 오는 것일까?

몇 날 몇 일째 공을 들이는 중이라고 했다. 아파트 재건축 시공 건으로 한 임원을 상대하고 있다는 건설사 간부 J는 수주 건이 풀리지 않는다며 푸념을 늘어놓았다.

"아, 조금만 공들이면 될 것 같은데…."

"근심이 많으신가 봐요."

"네, 회사에서 이번 수주에 사활을 걸고 있어요. 그런데 될 듯 말 듯 영 안 풀리네요. 잘하면 큰 건 하나 터질 것 같은데, 그분은 돌아서면 태도가 싹 달라져요."

이야기를 마친 J의 얼굴에 그늘이 드리워졌다. 도움을 주고 싶었다. 기울어가는 회사를 일으켜 세우는 일은 곧 직원들의 생계가 달린 문제기도 했다.

J는 고민하는 기색이 역력했다. 휴대폰 캘린더를 연거푸 뒤적이며 거래처 임원과의 다음 약속을 헤아리고 있었다.

나는 조용한 목소리로 그에게 질문했다.

"최선을 다하시는 것 같네요."

"예?"

"그분에게 정성을 쏟으시는 것 같아서요."

"당연하죠. 어떻게든 계약을 성사시켜야 하니까요."

J의 이야기에 따르면 경쟁사는 그의 회사뿐이 아니었다. 현재 건설사 서너 곳이 그 임원에게 공을 들이고 있었다. 처음에는 그의 마음이 J의 회사로 기울어오는 듯했다. 하지만 요즘 들어 다른 회사와 만나는 일이 부쩍 늘면서 계약 가능성이 날아갈 위기에 처했다. 저울이 쏠려버린 상황에서 당장 해답을 줄 순 없었다. 따라서 J가 앞으로 회사를 일으켜 세우는 데 조금이나마 도움이 될 만한 조언을 들려주었다.

"앞으로는 에너지를 조금만 쓰셔야 해요."

"네? 무슨 말씀이시죠?"

"사람들은 대부분 누가 나한테 좋은 운을 가져다줄 귀인인지 알아보지 못해요. 그러다 보니 여기저기 에너지를 쏟는 실수를 범하죠. 특히나 목적을 가지고 대하면 더 많은 에너지를 쏟기 마련이에요. 얻고자 하는 것이 있으니까요. 하지만 모든 사람에게 똑같이 에너지를 쏟을 수는 없어요. 그러다간 선생님이 가진 에너지를 모두 빼앗겨버릴 거예요.

따라서 노력이 필요한 것은 맞지만 인간관계에 에너지를 전부 쏟아서는 안 돼요. 사실 적당히 쏟는 게 중요하죠. 기대하는 것도 큰 에너지랍니다. 상대방에게 실망하면 감정적으로 큰 손실이 생겨요. 길게 갈 수 있는 인연도 금방 끝나버리죠. 그러니 이렇게 해보세요. 에너지를 과도하게 쏟지 않는 선에서. 우선은…."

"네, 선생님. 그렇게 해볼게요."

나는 J에게 지금 하고 있는 수주 건에 적당히 공을 들이도록 조언했다. 대신 J의 회사를 방문하는 다른 고객들에게 어떤 목적이나 의도 없이 공평하게 대할 것을 요청했다.

*

아직 6개월의 시간이 남아 있었다. 실제로 J는 조언대로 실적이나 돈은 생각하지 않고 고객들을 대하기 시작했다. 아무리 작은 시공에 계약과 거리가 먼 질문이라도 친절하게, 그리고 최대한 공평하게 응대했다. 심적으로 과도한 에너지를 쓰지 않으니 힘들이지 않는 친절이 자연스레 흘러나왔다. 아등바등하지 않으니 스트레스도 훨씬 줄어들었다. 기대하는 바가 없으니 계약이 불발되어도 상관없었다.

그래도 멀리 걸음 해준 고객들에 대한 최소한의 고마움을 잃지 않았다. 이렇게 계약이 체결된 소소한 공사들로 회사는 얼마간 근근이 연명할 수 있었다.

그렇게 얼마나 시간이 지났을까. 남루한 외투를 걸친 60대 노인 한 분이 회사를 방문했다. 차림새만 봐도 수주나 계약과는 거리가 멀었다. 그래도 J는 평소처럼 웃는 얼굴로 노인에게 커피를 건넸다. 오랫동안 공인중개사로 일해왔다는 노인은 큰돈이 되지 않는 가게 이전 문제를 가볍게 물었다. 그리고 시공에 드는 비용을 설명해주자 깜짝 놀라는 표정을 지었다.

노인은 공사대금이 너무 고액이라 어렵다고 손사래 쳤다. 예상했던 흐름이었다. 30분을 훌쩍 넘긴 상담이 못내 미안했던 것일까. 노인은 건설사 문을 열고 나서며 J에게 이렇게 이야기했다.

"미안해서 어쩌면 좋나요. 대신 내가 아는 사람을 소개해볼게요."

J는 괜찮다며 웃는 얼굴로 노인을 배웅했다.

그리고 얼마 후, 노인의 인사말처럼 한 사람이 J의 회사를 방문했다. 알고 보니 그는 이 지역에서 소규모 타운하우스와 쌍둥이 주택을 여러 채 가지고 있는 이름난 건물주였다. J는 뜻하지 않게 주거단지 한 구역을 담당하는 수십 억짜리 시공 계약을 따낼 수 있었다.

처음 공을 들였던 아파트 재건축 시공 건은 영혼을 바쳐 접대한 다른 회사로 넘어갔다. 하지만 J는 자신이 진정한 승리자 같다고 생각했다. 그저 친절한 얼굴로, 편안한 마음으로 일했을 뿐인데 이처럼 커다란 이윤을 남길 수 있는 계약을 따냈으니 말이다.

＊

살다 보면 "사람에게 크게 배신을 당했어요", "누구도 다신 믿지 못할 것 같아요", "얼마나 잘해줬는데 이럴 수 있죠?"라며 아픔을 토로하는 사람들을 자주 본다. 특히나 부자, 사업처럼 금전과 관련된 경우가 많다.

하지만 생각해볼 일이다. 줄 사람은 생각도 하지 않았는데 나 혼자 저만치 앞서나간 것은 아닌지. 상대에게 공을 들인다는 것은 그만큼 에너지를 쏟는다는 뜻인데, 상대가 입맛대로 움직여주지 않으면 결국 자기 에너지만 날리는 형국일 수도 있다.

해마다 연말연시가 되면 돌아가신 아버지 앞으로 연하장이 온다. 자동차 딜러가 보내주는 연하장이다. 아버지는 그중 수많은 고객 가운데 한 사람이었다. 옛날만 해도 손으로 편지를 쓰던 시절, 딜러는 십수 년을 변함없는 방식으로 고객들을 관리해왔다. 사실 내용은 별것 없었다.

"뜻깊은 한 해가 되기를 기원드리며 항상 행복한 일만 가득하세요"라는 단 한 줄뿐이다. 평이한 인사말에다 크게 공들인 흔적은 없었다. 하지만 자신의 이름만큼은 각인이라도 시키는 것처럼 눌러쓴 흔적이 역력했다. 한번 물건을 사면 좀체 바꾸는 법이 없는 아버지는 그 후로도 큰 지출을 하지 않았다. 하지만 차를 산지 십수 년이 지나 소식이 없어도 딜러는 안부 묻기를 멈추지 않았다.

어느새 세월이 강물처럼 흘러 17만 킬로미터나 탄 차를 바꿀 시점이 도래했다. 그런데 신기하게도 아버지는 평소에는 떠올리지도 않았던 그 사람에게 연락해 차를 바꾸었다. 사실 딜러에게 아버지는 희망의 대상이 아니었다. 그저 할 수 있는 적정선에서 남들과 똑같이 고객 관리를 했을 뿐이다. 그런데 뜬금없이 생각도 하지 않았던 고객 하나가 희소식을 물어다 주었던 것이다.

정작 기대하고 있는 사람이 좋은 운을 가져다주는 경우는 적다. 오히려 기대하지도 않았던 사람에게서 호박이 넝쿨째 굴러들어온다. 따라서 사람을 만날 때는 에너지를 조절하는 편이 좋다. 자신의 감정 에너지를 올바르게 지켜내며 너무 잘하거나 못하지 않는 선에서 말이다. 그렇게 목적을 버리고 살아갈 때 뜻하지 않은 인연이 행운을 몰고 온다.

'귀인'의 유효기간

'구류술사'에 대해 들어봤을까. 조선 시대에 특정 기술에 능통한 9가지 직업군을 이르는 말이다. 여기서 등장하는 직업들의 특징은 대단한 권력이나 사회적 지위 없이 사람을 상대하는 것들이 많았다. 그러다 보니 당시만 해도 천한 직업으로 일컬어졌다.

1류부터 9류까지의 숫자는 등급이 아닌 일련의 숫자다. 먼저 1류는 학식은 있되 벼슬을 하지 못한 선비, 요즘으로 치면 고시나 공시를 준비하는 사람들이다. 2류는 의술에 종사하는 사람, 3류는 풍수가, 4류는 점쟁이, 5류는 벽이나 기둥에 그림을 그리는 화가, 6류는 얼굴을 보고 인생을 판단하는 관상가, 7류는 승려, 8류는 명상을 하는 수행자, 9류는 거문고나 가야금을 타는 예인으로 요즘 말로 배우나 가수를 의미한다. 그런데 여기서 눈

여겨볼 직업들이 있다.

먼저 '의사'다. 당시만 해도 종일 아픈 사람을 돌봐야 하는 3D 직종에 속했지만 지금은 고수입을 자랑하는 선망받는 전문직이 되었다. 연예인도 마찬가지다. 화류계와 연예계는 한 끗 차이라는 말처럼 어딘가 쏙 빼다 박은 구석이 있다.

현대에도 힘들고 어려운 일에는 사람이 몰리시 않는다. 대신 잘 벌고 쉬운 일에는 엄청난 경쟁률로 인파가 몰려든다. 즉, 사람에 귀천이 없을 뿐이지 직업에는 귀천이 있다. 그저 시류에 따라 직업의 가치가 달라질 따름이다.

사람도 마찬가지다. '시류'라는 것을 탄다. 때에 따라 좋은 연이었다가 때에 따라 나쁜 연이 될 수도 있고, 이어갈 연이 있는가 하면 언젠가는 끊어낼 연도 있다. 나는 이처럼 시절인연(모든 인연에는 때가 있다는 뜻)이라 불리는 인간사의 시작과 끝을 절체절명의 상황들을 통해 여러 차례 목도할 수 있었다.

*

어느 초여름, 50대 사업가 L이 지방·보궐 선거를 앞두고 있었다. 그의 옆에는 30년 지기 벗을 자처하는 P가 자리했는데 지방의 국립대를 다니던 시절부터 둘도 없는 친구 사이였다. 두 사람의 우정은 대학을 졸업하고 사회에 나와서도 계속되었다.

L은 유명한 전자부품 제조기업에 취업했고, P는 작은 규모의 무역회사에 취직했다. 말 그대로 서로의 부족함을 채워주는 영혼의 동반자와 같았다. 둘은 손바닥만 한 지역 안에 이웃 주민으로 터를 꾸리며 나이가 들수록 돈독해졌다.

　　어느덧 퇴직을 앞둔 시점에 L은 P에게 제안을 하나 한다. 서로의 회사에서 얻은 정보와 경험을 바탕으로 신사업을 하자는 것이었다. P도 인생 2막을 쓴다는 생각으로 친구의 제안에 흔쾌히 응했다.

　　두 친구는 사업에서도 상당한 궁합을 자랑했다. 하지만 L에게는 사실 다른 꿈이 있었다. 하고 있는 사업이 어느 정도 성과를 이루게 되면 기업가 이미지로 정계 진출을 하고 싶다는 포부였다.

　　"한다면 한다"는 인생 철칙처럼 L의 실행력은 타의 추종을 불허했다. 기술과 영업의 최고 전문가들이 만나 노력한 끝에 연 100억대의 매출을 올릴 수 있었다. 어느 정도 수익이 안정세를 보이자 L은 대표직을 사임하고 정계진출에 대한 오랜 꿈을 내비쳤다. P는 그런 친구의 결정에 박수를 보냈다. 함께 선거판에 뛰어든 것과 다름없는 마음이었다.

　　하지만 서로를 너무 믿었던 마음이 오히려 독이 된 것일까. 선거를 준비하는 동안 안팎으로 L에 대한 잡음이 끊이지 않았다. 횡령 사건부터 뒷돈 사건까지 연신 매스컴에 L의 이름이 오르내

렸던 것이다. 이제 여론의 관심은 그의 동업자 P에게로까지 옮겨가, 두 사람이 일군 사업마저 위기에 봉착하고 말았다. L이 벌인 일들 중에는 P도 몰랐던 일들이 많았고, 이를 소명하느라 P도 한동안 경찰서를 드나들어야 했다. 뒤숭숭한 소문에 휘말리는 바람에 조사 결과가 나오기도 전에 회사 주가가 폭락했다.

이제 두 사람의 상황은 크게 달라져 있있다. 무엇보다 파트너의 비리를 알게 된 이상 더는 관계를 지속하기 어려웠다. '용서할 것인가, 용서하지 말 것인가.' 마침내 P는 자신뿐 아니라 회사의 존속과 직원들의 안정을 위해 오랜 친구와의 인연을 끊기로 결심했다.

그 후 L은 선거에서 보기 좋게 낙선했다. P의 마음도 아팠다. 하지만 결과적으로 그의 선택이 옳았다. 우정을 빌미로 발목 잡혀 지지부진 관계를 끌었다면 어땠을까. 금이 간 신뢰는 되붙이기 힘들었을 것이고, 회사 전체가 위험해졌을 것이다.

P에게 씌워진 횡령 혐의는 마침내 무혐의로 종결되었다. P는 변질된 나쁜 인연을 정리함으로써 빠르게 위기에서 벗어났고, 회사도 내리막길에서 벗어나 다시금 흑자로 전환했다.

＊

이것은 단순히 두 사람의 우정에 금이 간 것이 아니다. P와 L, 두 사람이 얽힌 인연의 유효기간이 다했을 뿐이다. 대학교 동기로, 동네 이웃으로, 회사 동료로 일할 때는 몰랐다. 하지만 어느 순간 너무도 달라진 서로의 가치관을 알게 되었다. 횡령과 뒷돈이라는 치부를 들킨 L과 평생 정의와 공의를 실천한 P는 추구하는 인생의 방향이 달랐다. 더 이상 서로에게 좋은 영향을 주지 못한다면 수명이 다한 인연은 빠르게 정리하는 편이 나았다.

연인 사이도 그렇다. 남녀가 똑같이 취업을 준비했다. 그런데 여자친구는 합격하고 남자친구는 떨어졌다. 서로를 사랑하는 마음은 변함이 없는데 불합격한 남자친구의 푸념이 끊이지 않는다. 여자친구도 처음에는 남자친구를 위로하고 달래보기도 했다. 하지만 그의 우울감은 좀체 사그라들지 않았다.

시간이 지나자 우울감은 열등감으로까지 번졌다. 서로 간에 깊은 골이 생기고, 대화 주제가 달라지고, 만날수록 싸움이 길어졌다.

서로가 서로를 이끌어주고 힘든 나날을 잘 봉합한다면 그것은 그것대로 괜찮다. 하지만 벌어진 간극을 좁히지 못하고 서로의 인생에 악영향을 미친다면 둘의 인연은 거기까지다. 두 사람이 만나서 보내는 시간이 100일 때 60 이상이 다툼이라면 이 관계는 인연이 다했다는 경고의 신호로 볼 수도 있다. 안타깝지만 서로의 관계를 다시 생각해봐야 한다.

부모, 친구, 동료 관계도 마찬가지다. 시기마다 귀인이 존재한다. 인연이 다한 귀인은 물 흐르듯이 유유히 보내주어야 한다. 그

래야 새로운 귀인이 다시 흘러들어오고, 새로운 만남을 통해 인
생이 앞으로 나아간다.

은혜는 베풀수록
고통으로 돌아온다

국민 MC 유재석은 호불호 없이 남녀노소 모두가 좋아하는 진행자로 덕망이 높다. 많은 선후배가 그를 롤모델이라 부르며 본보기로 삼을 정도다. 그가 베푸는 마음 씀씀이는 늘 평범한 이들의 상상을 초월했다. 통 큰 축의금으로 어려운 후배 결혼식에 보탬이 되어주거나, 소외된 출연자의 분량을 살뜰히 챙겨줄 정도다. 전 국민에게 사랑을 받고 있으니 찾는 곳도 많을 터, 수백 억대 자산을 보유했다는 이야기도 결코 뜬소문이 아닐지 모른다.

싱어송라이터로 유명한 가수 아이유도 마찬가지다. 매해 명절이 되면 협업했던 관계자들에게 잊지 않고 선물을 보낸다. 전파를 타고 하나둘 전해지는 훈훈한 이야기는 그녀가 얼마나 인연을 소중히 여기는지를 잘 보여준다.

연예인들을 둘러싼 선행과 미담이 마치 그들의 성공공식처럼 들릴 정도다. 선행 때문에 성공한 것은 아니겠지만 결국 성공한 사람들은 주변을 돌보고 챙기면서 자신이 받은 사랑에 보답하는 것 같다. 그렇다 보니 실제로 많은 사람이 엄지손가락을 치켜세우며 이들의 말과 행동에서 깨달음을 얻어간다.

"나도 많이 베풀어야지", "저래서 잘되는구나". 물론 열심히 베풀어서 오는 운도 분명 있다. 하지만 무조건 베풀어야 하는 것은 아니다. 때에 따라서는 삶이 좋아지기는커녕 도리어 불행해지는 경우도 적지 않기 때문이다.

*

"이상하게 돈이 안 모여. 딱히 쓰는 데도 없는데."

항상 돈이 없다며 툴툴대는 친구 S가 있었다. 옆자리 동료는 적금 만기가 돌아왔다며 웃음꽃이 피는데, 자기는 돈이 없다며 불평을 늘어놓았다. 매달 똑같은 날짜에 들어오는 똑같은 월급이었다. 특별히 사치를 하지도 않았다. 그런데 왜 항상 수중에 돈이 없는지 궁금했다.

하지만 얼마 지나지 않아 알 수 있었다. S가 고정된 수입이 있는데도 불구하고 365일 재정난으로 허덕일 수밖에 없던 이유를. 바로 S의 '사람'이 문제였다.

천성이 잘 베푸는 성격이었다. 기분 좋은 날에는 크게 한턱을 쏘는 일도 마다하지 않았고, 가족과 친구들의 생일을 챙기느라 바빴다. 승진, 이사, 졸업, 입학 등 지인들에게 무슨 일이 있을 때마다 스타벅스 기프티콘도 후하게 날렸다. 남자친구에게도 기념일마다 명품지갑이며 옷, 화장품을 아낌없이 선물했다.

하지만 S는 자신에게 쓰는 돈을 극도로 아까워했다. 책 한 권 사는 것도 아까워 필요한 페이지만 서점에 서서 읽었고, 화장품은 무료 샘플 이벤트에 응모해 받은 것만 썼다.

문제는 S의 돈이 자신을 향하는 것이 아니라 바깥으로만 향하고 있다는 사실이었다. 나는 S에게 '과도한 베풂'이 문제라고 지적했다. 매일 그렇게 남에게 퍼주고만 있으니, 당연히 부자가 될 리가 없다고 말이다. 물론 S가 베푸는 삶에 만족하고 행복하다면 그것은 그것대로 괜찮다. 하지만 지금 S는 열심히 일한 돈이 사라졌다며 푸념하고 있으니 문제였다.

앞에서 말한 국민 MC가 축의금을 수백 만 원씩 내는 것은 그가 유명 코미디언이라서가 아니다. 그가 부자라서다. S 같은 보통의 직장인이 매달 200만 원씩 받는 월급으로 거액의 축의금을 턱 하고 낸다면? '통 크다', '사람 좋다'는 평판을 듣기도 전에 빈털터리가 되어 거리에 나앉고 말 것이다. 만일 S가 외부로 쓸 돈을 자신에게 기쁘게 투자했더라면, 그래서 보란 듯이 성공해 부자가 되었더라면 어땠을까? 통장 잔고에 망연자실하는 일 없이 마음껏 베풀 수 있지는 않았을까?

주변에 베풀지 말라거나 인색하게 굴라는 이야기가 아니다. 베푸는 일에도 모름지기 '순서'가 있음을 알라는 것이다. 순서와 상황에 맞게 돈을 써야 좋은 '운'을 모을 수 있다.

마이크로소프트의 창업자 빌 게이츠는 최근 26조 원을 기부하겠다는 의사를 공식적으로 밝혔다. 그는 이미 기후문제 해결, 빈곤 퇴치 등을 위해 수십 년 전부터 기부를 실천해왔다. 억만장자로 등극한 이후부터 이루어진 적극적인 기부는 그가 완벽한 부를 이루었다는 또 하나의 방증이 되었다. 성공하기 전까지는 자신에게 투자를 올인하다가 최대치로 부를 축적한 후부터 환원을 하기 시작한 것이다.

한마디로 부자들은 어떻게 투자하고, 무엇을 수확하고, 언제 나눠야 할지를 스스로 잘 알고 있었다. 이 점에서 국민 MC와 톱 가수도 마찬가지였다.

지금 자신이 곤궁해 죽겠는데 그럼에도 주위에 열심히 베푸는 사람들이 있다. 당신은 그들 중에 부자가 된 사람을 본 적이 있는가. 아마 없을 것이다. 대신 부자가 되고 나서 열심히 베푸는 사람은 많다. 이미 그들은 어느 정도 성공한 삶을 이루었기에 처지나 액수에 구애받지 않고 마음껏 베풀 수 있었다.

"나누면 복이 와요"라는 문장 앞에는 숨겨진 말이 있다. 그것은 바로 '가진 것이 많았을 때'라는 의미심장한 전제조건이다. 남에게 밥과 커피는 잘도 사면서 자신에게 돈을 쓰지 않는 사람들. 그들은 배우고 익히는 일에 극도로 시간과 돈을 아낀다. 자신에게 한 푼도 투자하지 않는데 소수의 부자가 될 리 만무하다.

가진 것이 없으니 나누어도 행복하지 않다. 오히려 삶이 더욱 힘들어질 뿐이다. 운은 감정처럼 쪼갤 수 없다. 일단은 내가 잘된 후에 베풀어도 늦지 않다.

그러니 부자가 되기로 마음먹었다면 우선 나 자신에게 베풀어야 한다. 돈이 있다면 나한테 먼저 투자하라. 그것이 한 푼이라도 아껴 부자가 되는 가장 빠른 방법이다.

아무리 친해도
속 얘기를 감춰야 하는 이유

"꿈을 이루고 싶다면 최대한 많이 알리세요."

자기계발서에 자주 등장하는 레퍼토리다. 하나같이 간절하게 바라는 꿈일수록 주변에 널리 퍼뜨리라고 이야기한다. 글이든 말이든 상관없다. 당장은 아닐지라도 소식을 들은 귀인이 어디선가 나타나 도움을 줄 수 있다고, 생각지도 못한 기회로 운이 트이게 된다고 말이다.

하지만 정말 그럴까. 목구멍에 턱 하고 차오를 만큼 숨 졸이며 꿈꿔온 당신의 그 간절한 꿈을, 믿을 수 있을지 없을지도 모르는 세상에 이토록 쉽게 노출하는 것이 과연 좋기만 한 일일까.

어린 시절부터 함께한 세 친구가 있었다. X, Y, Z라고 하자. X와 Y는 작은 회사를 다니며 딱히 꿈이랄 만한 것이 없었다. 반면 Z는 부자가 되고 싶은 욕심이 있었다. 호시탐탐 엔터테인먼트 업계로의 진출을 노리며 성공을 꿈꾼 것이다.

가만히 앉아 있는 사무직보다는 움직이는 일이 잘 맞았다. 사람을 좋아하고 활기찬 성격을 십분 활용해 첫 시작으로 연예인 매니저가 되기로 결심했다.

아직 나이는 20대. 얼마든지 기회가 있었다. 그래서 Z는 두 친구에게 이런 자신의 꿈을 공공연하게 이야기했다. 하지만 그때마다 응원 대신 힐난이 돌아왔다.

"야, 네가 무슨 매니저야. 꿈 깨."

부정적인 반응이었다. 아니, 비웃음에 가까웠다. 도움을 주기는커녕 그저 비전 없는 직종이라는 나쁜 소문만 실어다 날랐다. "매니저 월급이 박봉이래", "주말에도 못 쉰다더라". 열에 아홉은 근거 없는 가십이었다. 영양가 있는 이야기라 할지라도 흔하디흔한 정보에 불과했다.

그런 이야기를 자주 들은 Z는 사기가 떨어졌다. '이 길이 맞는 걸까', '괜한 짓은 아닐까'. 하루에도 수백 번씩 물음표가 달렸다. 둘도 없는 친구들이 도움은커녕 방해만 되고 있었다. 실망한 Z는 주야장천 술만 늘어갔다.

하지만 포기하지 않았다. 대신 꿈이 현실로 이뤄질 때까지 입을 꼭 다물기로 했다.

'아직은 때가 아니야. 당분간은 속마음을 감추자.'

해가 바뀌자마자 Z는 곧바로 서울로 올라왔다. 당시만 해도 생소한 연예기획사의 문을 하나둘 직접 찾아다니며 두드렸다. 처음에는 출연자 관리나 캐스팅 디렉터 같은 보조 업무가 주어졌다. 그러다 현장에서 직접 뛰고 싶다는 생각에 곧장 신인가수의 매니저로 전향했다. 본격적으로 시작한 첫 매니지먼트 업무였다.

이때까지만 해도 친구들에게 무슨 일을 하는지 알리지 않았고, 앞으로 되고 싶은 원대한 꿈에 대해서도 숨겼다. 이런저런 간섭이나 소문에 흔들리고 싶지 않아서였다.

Z는 커리어를 차곡차곡 쌓아갔고, 이제 이름만 대면 누구나 아는 굵직굵직한 스타들과 함께 일하게 되었다. 업계 경력이 쌓일수록 연봉도 수직상승했다. Z의 성실함은 업계 관계자들에게 인정을 받을 정도였다. 특히 한번 인연을 맺은 배우들과는 오래 일하기로 정평이 났다. 전속 계약이 만료되어 작별을 고하더라도 아티스트들과 안부를 주고받으며 그들을 진심으로 응원하고 돌보았던 것이다. 함께 일했던 연예인들조차 Z의 사람 됨됨이에 반하지 않을 수 없었다.

마침내 업계에서 다져진 오랜 신뢰와 경험을 바탕으로 꿈에 그리던 연예기획사를 차렸다. 초창기에는 소속 연예인이라고 해봤자 겨우 두세 명이 전부였다. 하지만 끈끈한 유대감으로 계약금과는 상관없이 사람들이 모여들었다. Z의 세심한 관리와 지원을 받은 소속 연예인들에게도 연일 행운이 뒤따랐다. 어느새 그는 수백 억대 매출을 올리는 어엿한 톱기획사의 대표가 되어 있었다. 이제 Z는 친구들에게 떳떳하게 꿈에 대해 말할 수 있다. 꿈을 이루기 전이 아닌 꿈을 이루고 난 후라서다.

* * *

생각보다 사람들은 당신의 꿈이나 목표에 관심이 없다. 오히려 각자 자신의 일상을 사느라 분주하다.

다시 말하면 주변 사람들은 당신이 성공하고 부자가 되는 데 필요한 고급 정보를 물어다 줄 능력이나 여력이 없다. 좋은 정보가 있다 해도 그것을 당신에게까지 공유할 필요를 잘 못 느낀다. 사람은 언제나 자기 자신이 1순위이기 때문이다. 그러다 보니 아무리 핑크빛 미래에 대해 말하고 다녀봐야 남들로부터 들어오는 정보는 제한적일 수밖에 없다.

게다가 시대가 달라졌다. 웬만한 정보는 누구나 검색으로 손쉽게 찾거나 확인할 수 있다. 그러니 구태여 내가 이루고 싶은 바를 시시콜콜 소문낼 필요가 없다. 잘못된 뜬소문, 괜한 참견과 잔소리들이 도리어 사기를 떨어뜨린다. 사람은 일단 자기 일이 아니면 생각 없이 쉽게 내뱉는 경향이 있다. 남의 집 제사에 감 놔라 배 놔라 하는 형국이다.

게다가 질투심도 적지 않다. 방송계는 특히 극심하다. 운과 인기로 먹고사는 직업이다 보니 남이 잘되는 모습은 쉽게 용납이 안 된다. 실제로 남의 조언은 도움이 되는 경우보다 안 되는 경우가 훨씬 많았다.

따라서 '도광양회韜光養晦'라는 사자성어처럼 때로는 칼날의 빛을 감추고 기다리는 시간도 필요하다. 자신의 속내를 함부로 보이지 않고 실력을 쌓아 최적의 타이밍에 원하는 바를 얻는 것이다.

당신의 빛을 조금만 가려라. 운전할 때 햇빛이 강하면 눈이 부셔서 앞이 잘 보이지 않는다. 그러면 평소에는 따사롭던 햇빛도 싫어지기 마련이다. 인간관계도 마찬가지다. 재능과 욕심이 과하게 두드러지면 미움과 반감을 사 자칫 눈엣가시가 된다.

그러니 실현 가능성이 90% 지점에 다다르기 전까지는 부러 무언가를 이루려는 마음을 감추는 것이 좋다. 입을 여는 순간 당신에게로 향하던 모든 운이 흩어지기 때문이다. 결국 주위 사람들이 소소한 도움은 줄 수 있어도, 움직이고 실행하는 것은 나 자신이다.

그러니 행동으로 보여라. 부자들은 하나같이 그림자처럼 마음을 숨길 줄 안다.

속마음을 쉽게 드러내지 마라.
사람들은 상대가 겉으로 드러내는
감정을 통해 그의 생각과 행동을 유추한다.
따라서 속마음을 감추는 것처럼 실질적인 지혜는 없다.
자신의 패를 보여주고 카드게임을 하는 사람은
얼마 지나지 않아 가진 돈을 모두 잃게 된다.
말과 행동을 아껴서 사람들의 호기심을 물리쳐야 한다.
사람들이 집요하게 당신의 생각을 파고들 때는
먹물을 내뿜은 오징어처럼 생각을 감추어라.
당신이 어떤 성향과 특징을 가졌는지
다른 사람이 알지 못하게 하고 예측하지 못하게 하라.
당신의 본질을 파악하면 사람들은 그것을 깔아뭉개거나
아첨하는 식으로 악용할 수 있기 때문이다.

- 발타사르 그라시안(스페인의 철학가)

부자들은 왜
명절마다 제사를 지낼까

소유한 농토가 재개발되면서 보상금으로 40억을 벌었다고 했다. 할아버지의 입가에는 미소가 걸려 있었다. 그도 그럴 것이 대대로 내려온 집안의 토지를 다섯 형제가 나누어 물려받았는데, 그중 마침 할아버지의 땅만 수십 배로 값어치가 뛰었던 것이다.

할아버지의 부모는 다섯 형제에게 고루 땅을 물려주었다. 누구 하나 섭섭하지 않게 유산을 배분해주었고, 형제들 역시 이런 부모의 유언에 반기를 들지 않았다.

그런데 똑같은 땅인데도 풀리는 형세가 달랐다. 다른 형제들의 땅은 철저하게 외면받았던 것이다. 보통 증여받은 토지의 경우, 지방이나 외진 곳에 자리한 경우가 많다. 따라서 투자가치가 없으면 놀리는 땅으로 친다.

하지만 어쩐지 할아버지의 땅만은 예외였다. 지역균형발전 사업이 시작되면서 개발 소식이 흘러나왔고 할아버지네 땅만 값이 천정부지로 치솟았다. 서로들 할아버지의 땅을 사겠다고 연락을 하고 있었다. 할아버지는 자신이 잘 풀리는 비결에 대해 이렇게 설명했다.

"그저 매일같이 선산에 들리는 게 전부라오."

갸우뚱했다. '아니, 21세기에 무슨 소리지?' 하지만 찬찬히 이야기를 듣던 나는 무릎을 치지 않을 수 없었다. '터'와 '사람'이 주고받는 복합적이고도 상징적인 의미 때문이었다.

       *

해마다 같은 내용의 기사가 포털사이트 연예란을 장식한다. 바로 어느 재벌가에 며느리로 들어간 전직 유명 아나운서의 소식이다. 영롱한 옥색 한복을 차려입고 추모 제사에 참석하는 모습은 몇 년이 흘러도 변함이 없는 것 같다.

그러고 보니 의문이 들었다. 재벌치고 명절마다 제사를 지내지 않는 집이 없었던 것이다. 대부분의 정치인들도 마찬가지였다. 꼭 제사를 지내지 않더라도 해마다 가족이 모여 돌아가신 선대의 묘소를 방문하거나, 중요한 선거를 앞두었을 때 산소를 찾아가 정비하는 식으로 예를 표했다.

본래 설날과 추석의 의미는 가족들의 연중행사다. 7세기에 쓰였다는 어느 중국 사서에 따르면 신라에서는 매년 정월 초하룻날 왕이 연회를 열었다. 이것이 바로 설날의 기원이다. 추석에 관한 유래도 크게 다르지 않다. 음력 8월 보름달 아래 그동안 이룬 농사의 결실을 거두며 잘 먹고 잘 살자고 다짐하는 성격이 강했다.

한마디로 명절은 국가 차원에서 온 가족이 모여 단합하라고 만든 모임이었다. 그러니 산 사람들만 즐길 수는 없었다. 돌아가신 선조들도 모시자는 의미에서 제사가 생겨났다. 따라서 애당초 산 사람들의 모임이다 보니 제사 시기나 형식은 크게 중요하지 않았다. 다만 선조를 생각하는 마음, 그리고 발현된 터를 중요시했다.

그렇다면 궁금해진다. 왜 재벌들은 내로라하는 명당자리에 조상을 모시는 것일까. 혹시 우리가 모르는 다른 이유가 있는 것은 아닐까.

내가 대한민국의 부촌 1번지로 불리는 평창동으로 이사를 오게 된 것은 작년 이맘때였다. 서울의 명당으로 불리는 이곳은 가파른 위용을 자랑하는 북한산 자락에 둘러싸인 데다, 남쪽으로 한강이 펼쳐지는 전형적인 배산임수의 입지를 가지고 있다. 그러다 보니 터에서 흐르는 기운 자체가 남달랐다. 가파른 바위산이 뿜는 기운이 만만치 않아 기가 약한 사람이 들어가면 아프거나 망한다는 풍문까지 돌았을 정도였다. 그래서 이곳은 오래전부터 대대로 재벌 총수들이나 기가 센 예술가들이 들어와 운을 불리는 공간이었다. 평창동을 순화하는 마을버스 기사님이 "부사장 정도는 명함도 못 내밀어요. 적어도 회장 정도는 돼야 들어와 살 수 있죠"라고 우스갯소리를 하실 정도다.

사실 부자들이 모여드는 터는 이곳뿐만이 아니다. 유명 연예인과 사업가들이 선호하는 주거지로 손꼽히는 한남동 유엔빌리지도 명당으로 알려져 있다. 한남동 부촌이 한창 뜨기 시작했을 무렵부터 이곳은 부자라서가 아니라, 부자가 되기 위해 들어오는 공간이었다. 강한 터의 기운을 버텨내면 더 큰 부자가 될 수 있지만 버티지 못하면 몸의 컨디션이 나빠지고 하던 일이 망한다는 소문이 돌았다. 실제로 평창동을 비롯한 몇몇 부촌에서는 운을 불려 더 좋은 곳으로 이사 가는 부자들을 여럿 만나볼 수 있었다.

터에 대해 잘 몰라도 살다 보면 누구나 비슷한 경험을 해보았을 것이다. 어떤 가게가 들어와도 족족 망해서 나가는 곳이 있다. 반대로 그저 그런 가게가 들어와도 잘되는 곳이 있다.

장사나 영업을 하는 가게는 물론이고, 먹고 자는 곳 역시 운에 영향을 미친다. 물고기가 물에 살 듯 사람은 기운의 바다에서 살기 때문이다. 그 바다가 나의 기운과 잘 맞는 곳이라면 타고난 운도 달라질 수 있다. 풍수는 크게 양택과 음택으로 나뉘는데, 쉽게 말하면 내가 사는 곳이 양택, 조상을 모시는 곳이 음택인 셈이다.

다시 돌아와 땅부자 할아버지의 이야기도 이와 무관하지 않았다. 터는 곧 땅, 만물을 소생시키고 자라게 하는 근간이다. 인간은 누구도 홀로 알에서 깨어나지 않는다. 누구나 자신을 낳아주고 길러준 부모가 존재한다. 또 돌아가신 선조를 멀리하거나 무서워하는 사람도 없다. 오히려 꿈에서 만나면 반가워한다. 돌아가신 할머니가 꿈에 나오셔서 로또 번호나 불러줬으면 좋겠다고 말이다.

돌아가신 선조를 명당자리에 모신다는 것은 곧 나의 근본과 뿌리를 소중히 여긴다는 뜻. 이로 인해 스스로가 귀해진다는 의미로도 재해석될 수 있었다. 한마디로 좋은 묏자리에 선조들을 잘 모시는 것만으로도 자신의 근간을 다스려 운을 불릴 수 있다.

앞서 이야기한 할아버지에게 돌아가신 부모님은 특별한 존재였다. 평생을 아들딸을 위해 농사를 지으셨고 할아버지 역시 그런 부모님에게 효도했다. 낳아주고 길러준 부모가 곧 인생의 절반이었다. 그래서 할아버지는 해가 바뀔 때마다 부모님 산소에 절을 올리며 공경의 마음을 표했다. 부디 하는 일마다 좋은 기운을 불어달라며 그리워하는 마음을 전한 것이다.

중요한 시험이나 면접을 보는 날, 현관문을 나서며 한 번쯤 이런 말을 뱉은 경험이 있을 것이다.

"엄마, 나 오늘 시험 잘 보게 기도해줘."

적어도 절실한 상황에 놓였을 때 무의식적으로 부모님을 떠올린 기억은 한 번쯤 있지 않을까. 관계라는 울타리 안에서 우리는 가족에게 많은 부분을 의지한다. 누구에게나 자신의 핏줄에 대한 애착이 기본적으로 깔려 있는 것이다. 특별한 대상으로 모신다는 뜻이 아니다. 내가 가장 믿고 마음을 터놓을 수 있는 선대의 존재에게 잘되도록 함께 빌어달라는 의미가 담겨 있을 뿐이다.

재벌들도 그렇다. 온 가족이 모여 한마음 한뜻으로 잘되기를 바라는데 어찌 세상의 좋은 운이 모여들지 않을 수 있겠는가.

조상은 곧 나의 근본, 나의 뿌리다. 선조를 잊지 않고 기억하는 일만큼 자신을 소중히 여기는 방법은 없다. 또 자신을 귀히 여길수록 결국 귀한 사람이 된다. 선조들을 향한 마음씨만 잘 써도, 또 좋은 터에 모시기만 해도 괜찮다. 말 그대로 좋은 운을 불려 제 것으로 만드는 부자들의 지혜가 아닐 수 없다.

인복도 먹어본
사람이 먹는다

　무엇이 운이 되고 무엇이 돈이 될까. 돌이켜보건대 사람만 한 것이 없다. 사람은 혼자서는 살아갈 수 없다. 같은 조건 아래 같은 노력을 기울여도 누구를 만나느냐에 따라 판이하게 인생이 달라진다. 내가 어떤 사람을 만나느냐에 따라 태도가 바뀌고, 어느 장소에 가느냐에 따라 기분이 바뀌듯이 말이다.

　실제로 유달리 인연운이 강한 사람이 존재한다. 언제 어디서든 나타나는 도움의 손길로 앞으로 나아가는 행운아. 우리는 그들을 일컬어 '인복이 좋은 사람'이라고 부른다. 그리고 마침 그날도, 인복 좋은 '그분'과 그렇게 다시 재회할 수 있었다.

＊

2012년 겨울. 대학에 재학 중이던 나는 강남권에 카페를 하나 차렸다. 단순 호기심에서 시작한 일이 아니었다. 돈을 많이 벌고 싶었고 돈을 잘 쓰고 싶었다.

처음 하는 사업치고는 매우 안정적이었다. 자릿수가 하나씩 늘어나는 월 매출에 비례해 점차 학교에 출석하는 횟수가 줄었다. 이대로 매장을 하나둘씩 점점 늘리다 보면 큰돈을 만질 수 있겠다는 욕심이 생겼다. 학교를 그만두고 진로를 바꿔볼까도 싶었다. 그런데 갑자기 누군가 찾아와 떡하니 앞을 막아섰다. 교수님이셨다.

"사업은 마흔다섯에도 얼마든지 할 수 있어. 지금 네 나이에 할 수 있는 선택을 해야지. 그래야 현명하게 세상을 살아갈 수 있지 않겠니."

"아뇨, 교수님. 저는 이미 마음 접었어요."

"PD는 스물다섯 넘으면 못 해. 그러니 늦기 전에 돌아와."

"저 마음 굳혔어요. 달라질 것 같지 않아요."

"겨우 한 걸음 내딛고? 한 번만 믿고 다시 해보자. 응?"

"하지만…. 고민은 해볼게요."

애매하게 대화를 끝낸 후에도 교수님은 매장을 찾아오셨다. 하지만 어린 제자의 쇠고집은 꺾일 줄을 몰랐다. 해마다 들려오는 방송사의 불합격 비보가 '너는 PD가 될 운명이 아니야'라고 온몸으로 외치는 것만 같아서였다. 현실로 돌아가고 싶지 않았다. 1000:1이라는 언론고시 경쟁률마저 까마득한 신기루처럼 느껴졌다.

그렇게 총 세 번을 찾아오셨다. 교수님의 방문이 두 번에서 그쳤다면 나는 그대로 돈벌이에 올인했을 것이다. 결코 프로듀서가 될 수 없었다. 지금이야 다시 없을 인생의 은인이셨다는 생각이 들지만, 당시에는 왜 끈질기게 설득하시는지 의아할 따름이었다. 방송국 입성을 꿈꾸는 사람들이 차고 넘치는데, 왜 굳이 학교를 떠난 일개 학생을 찾으신 걸까 하고 말이다.

훗날 나는 궁금증을 참지 못하고 교수님께 직접 여쭤보았다.

"교수님, 그때 왜 저한테 학교로 돌아오라고 하신 거예요?"

"궁금하니?"

"네, 왜 그 먼 데까지 오셔서 손을 내미셨나 싶어서요⋯."

"나는 인복이 많은 사람이거든."

"네? 인복이요?"

바로 그날, 인생의 귀인이 들려주는 이야기는 몹시도 흥미로웠다. 교수님은 자신이 걸어온 지난 수십 년의 길이 묘하게도 때가 되면 누군가 나타나 도움을 주는 여정이었다고 말했다. 그러고는 지금까지 일궈온 발전은 모조리 '인복' 덕분이라며 공을 돌렸다.

"나는 시험운이 따라주질 않았는지 처음에는 지방에서 방송을 시작했어. 지금만 그런 게 아니야. 그때도 서울에 있는 방송국은 아무나 갈 수 없었거든. 한 번쯤은 다양한 방송을 해보고 싶은 욕심이 늘 있었지. 그런데 어느 날 서울에서 일하는 선배한테 갑자기 전화가 걸려온 거야. 밑도 끝도 없이 잠깐 올라오라고. 그래서 왜 바쁜 사람을 부르나 싶어서 갔더니 글쎄 그곳이 예능국 경력직 PD 면접장이었던 거야. 그길로 합격해서 서울로 올라와 일하게 됐어. 선배가 인생의 귀인이었던 거지."

하지만 공교롭게도 교수님의 기적 같은 인연은 여기서 그치지 않았다.

"그런데 그게 다가 아니었어. 믿고 따라주는 동료들과 출연진을 잘 만났지. 덕분에 손대는 예능 프로마다 대박이 났어. 그렇게 어느덧 나이가 훌쩍 들더구나. 보통 나이가 들면 PD들도 편성이 밀리면서 뒷방 신세가 되기 마련이거든. 인생의 전성기도 이제 끝났구나 싶은 생각이 드는 거야.

그런데 때마침 누군가 대학교 교수직을 제안했어. 기적 같은 타이밍이었지. 그렇게 또다시 귀인이 내민 손을 잡았단다. 그리고 지금 너희들을 가르치고 있는 거야. 하나하나 열거하지 못할 뿐이지 살면서 내 힘으로 된 것은 하나도 없었어. 다른 사람의 손을 잡아 한 발짝 나아가고, 또 다른 손을 잡아 두 발짝 나아가고. 이렇게 한 발 한 발 나아갔던 거야. 내 모든 인생이 그랬던 것 같아."

"그게 저를 끌어주신 이유라고요?"

생각해보니 나에게도 비슷한 경험이 있었다. 교수님의 손을 잡아 이룬 프로듀서의 꿈을 내려놓았을 때, 또 다른 누군가가 손을 내밀며 스카우트 제안을 해왔던 것이다.

"유 PD, 혹시 나랑 같이 일해볼 생각 없어요?"

국내 최고의 오디션 프로그램을 만든 TV조선 고위 간부로부터의 러브콜이었다. 그분은 대한민국 방송계에서 모르는 사람이 없을 정도의 히트메이커 프로듀서였다. 그런 높은 분이 정규 TV 프로그램 자리를 선뜻 제안하시다니…. 내게는 황금 같은 기회였다.

당시에는 SBS를 퇴사한 직후라 정중하게 제안을 거절했다. 프로그램을 만드는 일이 커다란 심적 부담감으로 느껴졌고, 사업이 잘되고 있어서 한참 수입을 늘리는 데 재미를 붙이고 있었기 때문이다.

그렇게 몇 달이 채 지나지 않아 다시 전화가 걸려왔다. 그때는 모든 것을 내려놓고 달려갔다. 하고 싶은 대로 해보라는 파격적인 조건 때문이었다. 나이가 곧 연차로 통하는 방송계에서 어린 프로듀서에게 전권을 일임하는 일은 흔치 않았다.

그전에 잠시, 나는 아직 교수님에게 정확한 답을 듣지 못했다. 아무것도 아닌 나를 끌어주신 진짜 이유에 대해서 말이다.

입가를 지나 내려오는 굵은 법령 사이로 미소가 번졌다. 교수님이 말씀하셨다.

"싹이 보이니까. 손을 내밀기만 하면 잡을 것 같았거든. 나는 인복 하나로 평생을 살아온 사람이야. 누구보다도 운을 신뢰하지. 다른 사람의 손을 잡아 도움을 받았으면 나도 다른 사람에게 그런 도움을 주어야 해. 그래야 좋은 운이 나에게로 돌아오게 돼 있어."

그랬다. 교수님은 차곡차곡 운을 쌓고 있었다. 이미 누군가의 도움으로 수차례 운이란 것을 맛보았고, 이를 통해 차도 사고 집도 사며 돈으로부터 자유로워졌다.

그래서 그 맛을 누구보다 잘 알고 있었다. 자신이 일구고 남은 그 좋은 운을 버릴 수는 없는 노릇이었다. 그래서 기회가 생길 때마다 곳곳에 씨앗을 뿌려두었다. 열매가 열려서 돌아온다면 이 또한 감사한 일이라 생각하면서.

그렇다고 아무에게나 불쑥 도움의 손길을 내밀지도 않았다. 정확하게 그 손을 잡을 줄 아는 사람에게만 내밀었다. 베푸는 것 같아 보이지만 모든 논리가 철저하게 자신을 향하고 있었다.

이것은 일종의 확률게임 같은 것이었다. 교수님은 다른 사람의 도움을 받아 잘되었을 때 자신을 도와준 사람을 다시 끌어준 경험도 있었고, 마찬가지로 교수님의 남는 손을 잡았던 사람이 다시 잘되어 교수님을 끌어준 경험도 있었다.

결국 인생에서 귀인이 될 만한 사람은 내 밑에 있는 혹은 내 위에 있는 사람이다. 어쨌든 나에게 도움을 주었거나 내 도움을 받았던 사람이 귀인이 될 확률이 높다는 뜻이다.

반드시 돌아오리라고 기대해서는 안 된다. 돌아오면 좋고 아니면 말고다. 다만 쓰고 남은 운을 헛되이 버리지 않고 여기저기 씨앗처럼 심어둘 뿐이다. 그럼 언젠가는 돌아오게 된다. 인생이란 누군가의 도움이나 손길 없이는 완성될 수 없기 때문이다.

성공하는 사람들은 그렇게 운을 수확한다. 언제든 벌어질 수 있는 행운과 불운 그 어디쯤에서 손을 잡거나 손을 내어줄 순간을 대비하면서 말이다. 그들에게 사람은 곧 돈이자 열매다.

인생의
귀인을
알아보는 방법

부자들도 아무나 사귀지 않는다. 사업을 하거나 결혼을 할 때도 철저하게 사람을 가린다. 사람이 운에 미치는 지대한 영향을 잘 알고 있어서다. 최근 수백만 조회수를 기록하는 주파수 동영상도 이와 무관하지 않다.

1초 동안 진동하는 전파나 음파 횟수처럼, 사람에게도 고유한 주파수가 흐른다. 마음이 가라앉을 때는 낮은 주파수가 흐르고, 마음이 흥분할 때는 높은 주파수가 흐른다. 바람이 불면 나무가 흔들리는 것처럼 사람의 영향을 일정 분량 받을 수밖에 없다. 연인이나 부부, 직장 동료, 사업 파트너, 친구 관계까지 말이다. 따라서 귀인을 만나는 것만으로도 좋지 않은 운은 얼마든지 상쇄될 수 있다. 또 개인의 삶 역시도 크게 달라진다.

참고로 귀인을 찾는 방법은 생각 외로 간단하다. 함께 '밥'을 먹어보는 것이다. 운의 세계에서는 밥을 먹는 것에 대해 높이 평가한다. 옛날에는 음식이 귀했던 시절이라 먹고사는 일이 가장 시급한 화두였다. 명리학에서도 먹을 복, 식복食福이 있다는 것은 곧 부와 풍요를 상징했다. 따라서 상대와 밥을 먹는 행위는 귀한 복을 나눔으로써 서로의 기운을 가장 크게 느낄 수 있는 기회였다.

함께 밥을 먹는 것만으로도 입맛이 돌고 기운이 올라가는 사람이 있는 반면, 어떤 사람과는 맛있는 것을 먹어도 입맛이 없고 기운이 내려간다. 또 편하게 먹을 수 있는 사람이 있는가 하면 어딘가 내내 불편한 사람이 있다. 이처럼 상대에게 오는 기운을 빠르게 판단할 수 있는 상황이 바로 밥을 먹는 순간인 것이다.

그러니 귀인을 파악하고 싶다면 일단 만나서 밥부터 먹어라. "언제 식사라도 한번 하시죠." 우리가 비즈니스 미팅이나 소개팅을 앞둔 순간에 밥 이야기를 꺼내는 이유가 바로 여기에 있다.

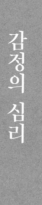

감정의 심리

6장

✳

운명의 수레바퀴에
휘말리지
않으려면

재벌가에는
왜 비극이 끊이지 않을까

어느 날, 굴지의 신문사에 취업한 선배가 들려준 이야기는 충격 그 자체였다. 방송가에서 일하면서 웬만한 사건·사고에는 놀라지도 않는 나였다. 하지만 재벌가의 비보만큼은 달랐다. 풍요와 안정만이 허락되는 신의 영역에 절대 닥쳐서는 안 될 불행이 온 것만 같았다. 뒤통수를 얻어맞은 기분이랄까.

"○○그룹 사장 말이야. 그 집 아들이 어제 죽었대."

"네? 갑자기 왜요?"

"스스로 목숨을 끊었다던데."

"아니, 집에 그렇게 돈이 많은데 왜…."

"당분간은 비밀이야. 어제 그룹에서 전화가 왔는데 상이 끝날 때까지 기사를 미뤄줬으면 좋겠다고 부탁하더라. 내부적으로 그렇게 결정이 났어. 그래서 다들 쉬쉬하는 중이야."

"세상 참, 알다가도 모를 일이네요."

"그러게, 돈이 다는 아닌가 봐."

꽤 이름난 기업의 자녀가 유명을 달리했다. 해외 유학 중에 벌어진 일이라는데 정확한 경위와 사인이 불분명했다. 현지에서는 갖가지 이야기가 돌고 있었다. 마약 파티를 하며 약에 중독되었던 것이 아니냐, 혹시 질 나쁜 아이들과 놀다 사달이 난 것 아니냐 등등. 실체를 파악하기 힘든 루머만이 비밀스럽게 귓가를 간지럽혔다.

"왜 그랬는지는 모른대요?"

"그거야 모르지. 다들 쉬쉬하고 있으니까."

"그런데 재벌가엔 왜 비극이 끊이지를 않을까요?"

"복에 겨워서 그렇지 뭐. 왜 어떤 드라마에서도 그랬잖아. 돈이 너무 없는 사람과 돈이 너무 많은 사람의 공통점은 인생이 재미없는 거라고. 나야 돈이 많았던 적이 없어서 모르겠지만 말이야. 아무튼 그렇게 부자인데도 행복하지 않은 걸 보면 마냥 돈이 행복과 직결되는 문제도 아닌가 봐."

돈이 너무 많아도 탈이 날 수 있다니. 그렇다면 비현실적인 부자보다 현실적인 일반인이 되는 편이 낫다는 뜻인가. 하지만 상식적으로 돈이 많을수록 기쁨도 커지는 것이 당연한 이치였다.

하지만 그때까지 내가 단단히 착각하고 있던 것이 하나 있었다. 바로 돈이 가지고 있는 속성이었다.

*

사람들은 알게 모르게 재벌가 이야기를 궁금해한다. 금수저를 물고 태어난 것은 복 중의 복. 특히 요즘 같은 세상에 사람들 모두가 부러워하는 삶이 아니던가. 차도, 명품도, 미래도 원하는 것은 뭐든지 손에 넣을 수 있었다. 그야말로 하늘이 내려준 축복받은 인생이었다.

그런데 생각해보라. 국내외를 막론하고 재벌이라 일컬어지는 집안에서는 먼저 자식을 떠나보내는 슬픔을 종종 겪는다. 누구나 알 만한 기업과 내로라하는 재벌가들을 들춰보면 이처럼 기구한 사연이 다들 하나씩은 있다. 어디 그뿐인가? 극단적 시도는 물론이고 마약, 음주운전 같은 사회적 물의… 하다못해 가족 간의 불화나 이혼, 상속 분쟁까지 시끌시끌하다. 세상에 알려지지 않은 크고 작은 비극들이 끊임없이 벌어지고 있는 것이다.

그렇다면 재벌가에는 왜 비극이 끊이지 않을까? 어째서 이런 기구한 운명에 자꾸만 걸려드는 것일까? 운의 세계에 진입한 이후로 비슷한 질문을 수도 없이 던졌다. 더 정확히는 문제의 근원을 찾고 싶었다. 굴레와도 같은 운명의 조각들을 하나둘 끼워 맞추며, 모든 상황을 단번에 정리할 수 있는 명쾌한 해답을. 그리고 얼마 지나지 않아 해묵은 체증을 내리게 하는 어느 한 지점에 다다랐다. 바로 '업業', 카르마였다.

모든 부모는 아이를 낳으면서 유전자라는 것을 물려준다. 유전자는 태어난 환경, 교육 수준, 경제적 지원까지 다양한 영향을 내포하고 있다. 그리고 원해서 받은 것은 아니지만, 아이는 자신에게 전해진 이 정신적·물질적 '인과의 흐름'을 인생을 살아가며 풀어나간다. 이것이 바로 업이다. 특히 재벌가의 후계자는 막대한 지분과 재산을 물려받는데, 여기에 돈의 카르마까지 함께 넘겨받게 된다.

돈의 카르마에는 선업도 있고 악업도 있을 것이다. 자식은 부모가 진 악업에 대한 징벌을 받을 수도 있고, 반대로 부모가 일군 선업에 대한 환대를 누릴 수도 있다. 대개는 전자의 경우가 많다. 돈은 인간의 욕망과 의지로 자라나는 물질인 만큼 그 씨앗에서 잉태된 결과물의 무게가 훨씬 무겁다.

＊

28살 때 제약업체를 세웠다는 창업주는 어딘가 내내 불편해 보였다. 1980년대에 이름만 대면 누구나 아는 감기약을 개발해

국민 건강에 일조하고 큰돈을 만진 중견기업의 초대 회장이었다. 3,000억 매출을 기록할 만큼 입지가 탄탄한 회사였고 특별히 눈에 보이는 문제랄 것이 없었다. 하지만 나이가 들면 누구에게나 말 못 할 고민 하나쯤은 있는 법이었다.

"회사를 믿고 맡길 자식이 없네요."

판자촌에서 자라 배달부터 시작해 야간 학교를 나왔다는 회장님은, 말 그대로 이 시대의 성공적인 자수성가의 표본이었다. 30대에서 60대가 될 때까지 신약 개발과 제약회사 운영에 인생을 걸었다. 휴가도 취미도 없었다. 그저 일, 오로지 일만 하며 지금의 회사를 키워 부를 축적했다. 주식시장에 상장도 하고 기업인으로서 뚜렷한 성과도 냈다. 이렇게 회사를 튼튼하게 키워 자식에게 물려주면 노후를 안심하고 보낼 수 있을 것 같았다. 하지만 그것은 혼자만의 생각이었다.

자식들은 생각이 달랐다. 아버지는 평생 회사 일에 매여 가족 모임에 참석한 적이 손에 꼽을 정도였고, 한 번뿐인 아들 졸업식에서조차 그 모습을 찾아볼 수 없었다. 자식들의 눈에 비친 그런 아버지의 모습은 분명 행복하지 않은 사람이었다. 아들들은 생각했다. '나는 절대 아버지처럼 살지 않으리라.'

남자는 회사를 발전시키는 데 인생을 바쳤지만 자식들에게는 아버지로서 인정을 받지 못했다. 반대로 자식들은 주어진 삶에 최선을 다했으나 아버지의 믿음에 가닿지 못했다. 결국 회사를 물려받기 싫은 자식들과 물려줘야 하는 부모 사이에 트러블이 생겼다.

*

재벌은 보통 1세대에 꽃을 피운다. 그리고 2세 경영자는 유지만 해도 잘한 것이고, 3세가 경영을 하면 위기가 온다고 한다. 성공에 대한 집착과 투지 덕분에 1세, 즉 창업자는 비약적인 발전을 도모할 수 있다. 하지만 풍요 속에 자란 2세, 3세는 선대의 근성을 결코 따라잡을 수 없다. 따라서 부를 유지하기 바라는 창업자의 강력한 기대로 2세, 3세는 뜻하지 않은 억압과 고통을 겪게 된다. 그러한 대물림 속에 갈등과 반목이 생기고 이를 좁히지 못해 불행해지는 경우도 많다.

결국 재난과도 같은 감당하기 힘든 돈으로 질병, 마약, 스캔들, 자살 같은 갖가지 기구한 운명의 실타래에 말려든다. 그 불행이 개인에게만 그친다면 다행이다. 심각한 경우에는 기업이 파산하거나 집안의 대주(큰 기둥)가 흔들리는 일까지 발생한다. 돈의 규모가 크면 클수록 이와 같은 폐해가 심해진다.

풀어내지 못한 돈의 카르마, 후대에게로 전해진 적나라한 업의 실체다. 그런 면에서 보자면 타고난 부자보다 현실적인 부자가 되는 편이 행복할 수도 있다.

결국 주인을 찾지 못한 제약회사는 첫째 아들이 물려받게 되었다. 장남은 자신의 소망과는 달리 회사를 물려받고 사장으로 씁쓸하게 취임했다. 물론 2세를 바라보는 50대 임원들의 반발과 갈등도 적지 않았다.

남들은 '재벌 2세'라고 하면 부럽다는 이야기를 하지만, 장남은 영혼 한 오라기까지 행복하지 않았다. 그가 물려받은 것은 회사가 전부가 아니었다. 직원 수백명의 생계를 책임져야 했고, 집안의 재산을 유지해야 했으며, 회사를 지금보다 더욱 키워내야 했다.

본디, 카르마란 멈추지 않고 달리는 전차와도 같은 것. 장남은 돈에 대한 분노, 불안, 억압마저 한꺼번에 끌어안게 된 셈이었다. 어쩐지 낯설지 않은 운명의 굴레가 다시금 반복되고 있었다.

돈을 물리치는
7번째 적

운이 좋다고 말하면 정말 운이 좋아질까? 나는 그동안 운이 좋다고 습관적으로 이야기할 것을 조언하는 자기계발서를 자주 접했다. 물론 자기암시의 효과는 있을 수 있다. 하지만 '운'이란 것이 그리 단순한 변화가 아니다. 말로만 해서는 현실이 되지 않는다. 나같이 운을 잘 아는 사람이 "운이 좋아질 거예요"라고 말하는 것도 똑같다.

그렇다면 그 반대는 어떨까. 다른 사람에게 운이 좋아진다는 이야기를 듣는다면…? 내가 만난 내담자들은 하나같이 그랬다. 인생의 갈림길에서 해 뜰 날이 기다리고 있다는 조언을 들으면 지금 당장이라도 두 손에 정답지를 받아든 것처럼 행복해했다. 그러고는 입을 모아 이야기했다.

"선생님, 저 오늘부터 열심히 살게요!"

"갑자기 힘이 나요. 정말 최선을 다할게요!"

하지만 그들이 실제로 그렇게 사는 경우는 많지 않았다. 운이 좋다는 이야기를 듣고 열심히 인생에 매진한 사람은 극히 드물었다. 미래를 한발 앞서 안다는 것은 이런 치명적인 역효과도 내포하고 있었다.

*

아는 선배의 지인이 여의도 증권가에서 한창 주가를 올리고 있었다. K라고 하자. 금융투자가인 K는 40대가 되는 시점에 은퇴를 고려해 내리막길을 준비하고 있었다. 그래서 트레이딩 업무를 그만둔 뒤에도 돈을 벌 수 있는 사업을 하기로 결심했다.

다행히도 돈을 다뤄본 경험이 있어서인지 경제에 눈이 밝고 사업에 재능이 있었다. K가 가장 먼저 뛰어든 세계는 커피 원두 사업. 당시만 해도 환율 급등이 심하지 않고 내수시장이 활성화되었던 시기라 국내에 몇 없는 사업을 감행했다.

K는 브라질, 콜롬비아, 에티오피아 등 나라별 원두를 직수입해 저렴한 가격으로 팔면서 커피 시장을 선도하겠다는 의지를 불태웠다. 불안감도 적지 않았다. 초기 자본금으로 들어간 1억을 날려버리면 어쩌나 밤마다 불면증에 시달렸던 것이다.

하지만 좋은 흐름이 펼쳐지고 있었다. 나는 우연한 자리에서 K를 만났을 때 드물게 횡재할 일이 생길 것 같아 담백하게 조언했다. 그때만 해도 그가 잘되길 바라는 마음으로 남다른 촉을 발휘해 운을 들려주었던 것이다.

"내년에 사업적으로 좋은 일이 있을 거예요."

그는 눈을 반짝이며 집으로 돌아갔다.

한 달 정도는 정말 좋아진 것처럼 보였다. 언제 그랬냐는 듯이 평온이 찾아왔고 밤마다 괴롭히던 심각한 불면증도 사라졌다. 그런데 하나 놓친 것이 있었다. K는 평소 주어진 시간이 10이라면 불안하고 초조한 마음으로 8을 보내고 나머지 2에만 현실적인 노력을 하고 있었다. 이제는 불안하고 초조한 마음으로 2를 보내고, 현실적으로 노력할 수 있는 시간이 8이나 되었다.

그럼 남는 시간에 불이 나게 뛰어다녀야 했다. 이미 점유율 1~2위를 차지한 국내업체들이 원두 시장에서 선전하고 있으니 개인 카페에 샘플이라도 돌리며 차별화된 맛을 강조하는 식으로 말이다. 하지만 K는 운을 너무 믿은 나머지 노력하기는커녕 내년에 잘된다는 생각으로 모든 열정을 스톱해버렸다.

실제로 마음에 여유가 생기자 연애를 하기 시작했다. 사업은 아직 자리를 잡지도 못했는데, 여자들을 만나고 술친구들과 어울려 시간을 보냈다. 그간 못했던 호사스러운 취미 생활도 누렸다.

이유는 하나였다.

'내년에 잘된다고 했으니까.'

*

그렇게 석 달이 지나갔다. 군살이 붙고 술이 늘었다. 불필요한 만남이 시간을 8이나 채우고 있었다. 그러다 어느 날 K를 만나 물었다.

"무슨 일 있어요? 뭐랄까, 왜 이렇게 느긋하고 해이해진 것 같죠?"

그는 절대 아니라며 노력 중이라고 건성으로 대답했다. 얼마 후 경기도 파주에 입점할 200평 규모의 카페 점주와 이야기가 잘 풀려 그곳에 원두를 대량 납품할 기회를 엿보고 있다며.

나는 깜짝 놀라지 않을 수 없었다. K의 업체는 지금 상태라면 원두 시장에서 밀려날 게 불을 보듯 뻔했기 때문이다. 실제로 교외의 대형 카페가 우후죽순 늘어나는 상황에서 경쟁업체들은 그 누구보다 치열하게 고객확보에 열을 올리고 있었다. 제대로 된 서류 한 장 쓰지 않고 계약 성사에 잔뜩 부풀어 있는 그의 모습이 어리석어 보일 지경이었다.

그때 깨달았다. 내가 크게 실수하였음을. 타인의 운명에 함부로 개입해서는 안 되는 것이었다. 음악평론가에서 명리학자로 전

향한 강헌 선생님은 한 사람의 운명을 무려 3일간 감정한다고 했다. 그만큼 사람의 인생은 가늠하기 어려운 일이며, 고작 여덟 글자로 쉽게 판단할 영역이 아니라는 것이다. 그런데 나는…, 그저 그가 잘되기를 바라는 마음 하나만으로 남의 삶에 너무 쉽게 관여해버린 꼴이었다.

'아, 운이라는 것은 분명 존재하지만, 인간의 본성을 모르면 소용이 없구나.'

사람들은 운이 좋아진다는 말을 들으면 대부분 여유를 부리기 시작한다. 그간 참고 견디느라 하지 못했던 일들에 대해 보상을 받고 싶어 하는 것이다.

누군가는 "그 또한 필요한 시간이 아닐까요"라고 이야기한다. 물론 그럴 수도 있다. 하지만 K는 가고자 하는 길이 뚜렷했고, 그 것을 이루기 위해서는 '시기'가 중요했다. 당장 연애를 하고 친구들과 마음껏 놀기보다는 먼저 튼튼한 거래처를 확보하는 것이 사업확장에 절대적으로 필요했다.

그래서 나는 가끔 주어진 운을 너무 믿지 말라고 이야기한다. 운을 믿고 여유 부리기보다는 차라리 그 시간에 현실적으로 노력하는 자세가 더 중요하다. 운이 좋아질 것이라는 말을 듣거나 알게 되면 당장은 마음이 평온해질 수도 있다. 하지만 자칫 잘못했다가는 나태함에 빠져 스스로 좋은 운을 물리치는 일이 벌어진다. 인간의 7대 죄악에 나태sloth라는 항목이 포함된 것도 결코 우연은 아니었다.

그렇게 K는 기대감으로 반년을 허비해버렸다. 이야기가 잘 풀리고 있다던 파주의 대형카페는 더 저렴한 가격에 원두를 제공한다는 경쟁업체와 손을 잡았고, K의 사업은 공백기만 유지한 채 대어를 기다리다 엄청난 타격을 받게 되었다.

환율이 급등하기 전에 정신만 제대로 차렸더라면, 주어진 8의 시간에 열과 성을 다해 새로운 일을 시도했더라면…. K의 사업은 정말 운을 날개 삼아 떼돈을 벌었을지도 모른다. 하지만 나태함은 K의 성공을 막은 가장 커다란 적이었다.

언제 성공해도
이상하지 않은 사람

'연봉이 5억이면 5년만 다녀도 큰돈을 벌 수 있어!'

D는 현재 어느 중공업 회사에 다니는 연구원이다. 외국에서 공과대학을 나와 졸업과 동시에 당당하게 대기업에 입사했다. 장래희망을 물으면 그는 한결같이 부사장이라고 답했다. 비록 사원부터 평범하게 시작했지만 악착같이 꼭대기에 올라서고 싶었다. 평범한 인생에서 실현할 수 있는 최대치의 아웃풋이었다.

모든 일에 열성적이었던 D는 국내대학을 나온 동기들과 스타트부터 달랐다. 비교적 높은 초봉으로 사회생활을 시작했기에 돈도 차곡차곡 잘 모을 수 있었다. 칠순이 다가오는 부모님에게는 제일 잘난 효자 아들이었다. 그런데 브레이크가 걸리지 않은 것일까. 부자가 되어야겠다는 초조함이 부수입에 대한 섣부른 생각들을 불러왔다.

D는 회사는 회사대로 다니며 동시에 비트코인 투자를 시작했다. 밤마다 네모난 스마트폰 속에 있는 투자 유튜버들을 들여다보며 언젠가 자신도 그렇게 무용담을 펼칠 수 있는 날들을 꿈꿨다. 심지어 어쭙잖은 지식으로 온라인 강의 플랫폼 서비스를 이용해 '수상手相' 클래스를 열기도 했다. 그러고는 수강료를 챙기는 무리수까지 두었다.

본업에 전념하는 시간이 줄어들수록 업무 집중도가 떨어졌다. 간혹 업무시간에 온라인 클래스 강의안을 만들기도 했다. 너무 바쁜 나머지 시간을 분 단위로 쪼개 쓰는 날이 늘어났다. 하지만 그런 많은 노력이 그의 인생에 마르지 않는 돈줄기가 되어주지는 못했다.

그렇게 자그마치 5년이 흐른 지금. 그는 여전히 말단 사원으로 이 회사, 저 회사를 전전하고 있다. 실적을 내지 못하자 승진에서 누락되었고, 동종업계로 이직을 반복했다. 그러면서 주변 사람들에게 이야기했다.

"저는 열심히 하는데 왜 승진을 못 할까요?"

"돈이 되는 건 다 했는데 왜 여전히 가난하죠?"

만일 그가 회사 업무에 집중해 최대한 실적을 올리거나, 하다못해 사내 인간관계에라도 시간을 투자했다면 어땠을까? 실력으로 당당히 한 계단씩 승진하거나, 관련 정보라도 사전에 입수하지 않았을까? 토끼도 잡고 쥐도 잡고 이리저리 뛰어다니느라 정작 부사장의 꿈은 아스라이 멀어지고 있었다.

　부자가 되고 싶은 마음은 전혀 이상하지 않다. 하지만 빨리 부자가 되려는 마음은 반드시 일을 그르친다. 운명의 그릇은 준비도 되지 않았는데 돈부터 쓸어 담을 생각을 했기 때문이다.

　1,300도가 넘는 불 속에서 수천 번 메를 두드려 만든 유기그릇과 사출성형기계에서 1초에 4개씩 찍어내는 플라스틱 그릇이 어떻게 같을 수 있을까. 모양이야 그럴싸할지 모른다. 하지만 음식을 담는 순간 맛과 보존의 퀄리티가 완전히 달라진다.

　돈도 그렇다. 내구성이라고는 1도 갖추지 못한 그릇에 아무리 많은 돈을 담았다 한들 그것이 별 탈 없이 유지될 리 없다. 위태로운 그릇 안에 출렁이는 돈은 언제든 쏟아지고 변질될 수 있기 때문이다.

·

　늦은 나이에 부자가 되는 사람들은 생각보다 많다. 실제로 깊게 상담했던 부자들도 그런 경우가 적지 않았다. 스피커와 앰프를 파는 소규모 업체를 일으켜 뒤늦게 성공한 50대 가장도 마찬가지였다. 그는 자식들이 태어난 후로도 한참을 가난에 찌들어

살다가 뒤늦게 업체를 중견기업으로 키워 부를 축적했다.

사람들은 이런 이야기를 들려주면 참 다행이라고만 생각한다. "아, 대기만성이구나", "뒤늦게 성공했구나". 그들의 반응에는 하나같이 '뜻밖에 일이 풀려 운이 좋았다'는 전제가 깊숙이 깔려 있다. 하지만 크게 될 사람이 뜬금없이 나오지는 않는다. '될성부른 떡잎'이라는 말처럼 진작에 성공했어야 했는데 뒤늦게 성공했다는 해석이 차라리 어울릴지도 모르겠다.

전 세계적 신드롬을 만들어낸 드라마 '오징어 게임'에서 오일남 역할로 재조명을 받은 오영수 배우도 같은 경우다. 사람들은 77세의 나이에 미국 에미상 시상식에 입성한 늦깎이 할아버지 배우를 보며 놀라워했다.

하지만 이 배우의 필모그래피를 보면 이야기가 달라진다. 그는 20대 초반 연극배우로 데뷔한 이후 수십 년간 국립극단에서 꾸준히 활동해왔다. 즉, 연극계에서는 원로배우나 다름이 없었다. 단지 타이밍이 맞지 않아서 성공이 느렸을 뿐. 실력파 연기자로 인정받은 지 오래였기에 언제 빛을 봐도 이상하지 않은 사람이었다. 또 그처럼 연예계에서든 비스니스계에서든 뒤늦게 빛을 보고 잘된 사람은 셀 수 없이 많았다.

아무것도 하지 않다가 뒤늦게 성공한다? 그런 운명의 법칙은 어디에도 없다. 실제로 대기만성한 사람들은 만나 인터뷰를 해보면 늘 입버릇처럼 하는 말이 있다.

"지난 힘든 세월이 있었기에 성공할 수 있었어요."

하지만 세상은 같은 이야기라도 전혀 달리 받아들인다. "지금은 아니지만 언젠가 부자가 될 수 있다"는 자기 위안식의 멘트 정도로 말이다. 현재 치열하게 살지 않아도 나중에 기회가 온다는 일종의 잠재적 희망고문을 하는 셈이다.

따라서 빨리 부자가 되려는 마음은 인생에 하등 도움이 되지 않는다. 큰사람은 늦게 이루어진다는 대기만성의 의미도 이쯤에서 다시 정의해볼 필요가 있다. 뒤늦게 떼돈을 벌거나 빛을 보는 사람들이 같은 말을 들어도 조금 덜 억울할 수 있도록 말이다.

"그 사람은 언제 성공하고 부자가 돼도 이상하지 않을 운명이었어요."

그들은 그런 사람이었다.

최대의 행복은
최대의 불행을 넘어온다

주변에 "나는 1년 365일 운이 좋아"라는 사람이 있을까. 아마 눈을 씻고 찾아도 보기 힘들 것이다. 아무리 운이 좋은 사람이라고 할지라도 한 번은 꺾이는 시점이 오기 마련이다.

대개는 한 번 운이 꺾이면 이렇게 생각한다.

"뭐, 그럴 수도 있지."

그리고 또 꺾이면 의문을 제기한다.

"자꾸만 운이 안 좋네."

하지만 또다시 꺾이면 마음이 달라진다.

"아, 난 역시 안 되나 봐."

그렇게 반복해 운이 꺾이면 인생을 체념한다.

"역시…. 난 뭘 해도 틀린 인간이야."

여러 번 운이 꺾이다 보면 짜증과 절망에 휩싸인다. 그러면 어둡고 부정적인 기운 때문에 주위 사람들이 떠나간다. 되는 일은 없고 절망만이 쌓인다. 악순환의 고리가 시작되는 것이다. 특히 20대라는 중요한 시기에 운이 꺾이면 성격까지 바뀌어버린다. 말 그대로 '운명'이 달라진다.

그럼 나중에 좋은 운이 들어와도 받아먹지를 못한다. 하는 것마다 돈이 따라붙는 데도 눈앞에 있는 돈을 가져가지 못하는 기현상이 벌어진다. 하지만 설사 그렇다 할지라도 실망할 필요는 없다. 인생이란 용수철과 비슷해서 한번 꺾였다고 항상 꺾이는 것은 아니기 때문이다.

인생은 반드시 오르고 내리는 시점이 온다. 따라서 운이 꺾일 때는 감정의 충격을 흡수하지 말고, 받는 힘을 딛고 튀어 오르는 저항력을 발휘해야 한다. 룰렛게임처럼 구슬이 흘러가도록 내버려 두지 않고, 꺾이는 지점을 지렛대 삼아 다시 구슬을 튕기는 것이다.

*

5성급 호텔에서 최연소 헤드 셰프로 7년간 일했다고 했다. 요리사 T는 한동안 떨리는 손을 감추지 못했다. 그동안 쉬지 않고 음식과 디저트를 만들었다. 하지만 이른 나이에 높은 자리에 오르자 직원들의 시기와 질투가 만만치 않았다. 등만 돌렸다 하면 참을 수 없는 손가락질이 시작되었다. 그렇게 7년 만에 호텔을 뛰쳐나왔다. 호텔에서 쌓은 경력으로 디저트 사업을 시작할 요량이었다.

하지만 당분간은 사업이 불가능할 것 같다고 심경을 털어놓았다. 심적으로 휴식이 필요하다고 말이다. 아니나 다를까. T는 운이 꺾이는 시점에 놓여 있었다. 이대로 그를 내버려둘 수는 없었다. 그래서 차분한 말투로 이야기했다.

"사업은 지금 당장 시작하지 않으셔도 괜찮아요. 하지만 현재의 감정에서는 반드시 벗어나셔야 해요."

"네? 그게 무슨 말씀이세요?"

"모래 구덩이가 왜 위험한 줄 아세요? 파면 흐르고, 파면 흐르고…. 파면 팔수록 물이 나오는 것이 아니라 손으로 헤집은 모래가 깊숙이 흘러내려 자신을 위험하게 만들어서예요.

감정도 마찬가지예요. 아무것도 하지 않고 감정에 파묻혀 있다보면 결국 스스로를 무너뜨리고 말 거예요. 당장 1~2년을 쉰다고 해서 갑자기 없던 자신감이 생겨날까요? 아마 있던 자신감도 사라질걸요? 사업을 시작하려 해도 겁이 날 테고, 케이크를 만들던 손은 녹슬게 되겠죠. 운이 꺾이는 시점에는 감정의 충격을 흡수할 게 아니라 그곳에서 빨리 빠져나오는 것이 중요해요. 꺾이는 운에 휩쓸리지 않으려면 발버둥이라도 쳐야 하는 거죠."

과연 그러했다. T는 돌다리도 두드려보고 건너는 완벽주의 성향을 가지고 있었다. 게다가 눈송이처럼 섬세하고 여린 성격의 소유자기도 했다. 그는 이제 호텔에서 매일같이 쥐었던 아이싱 나이프만 봐도 심장이 두근거린다고 고백했다.

직장에서 얻은 인간관계의 트라우마로 우울감이 깊어지던 차였다. 이런 내향적이고 감정적인 사람은 디저트 가게를 시작하더라도 홍보에 6개월, 자리 잡는 데만 1년은 더 걸릴 것이 분명했다. 과연 그 시간을 버틸 수 있는 힘이 그에게 남아 있을까? 대부분이 그렇겠지만 특히 이런 사람은 감정의 모래에 한번 빠져들면 쉽게 나오지 못하는 타입이다.

내가 그에게 주문한 것은 단 한 가지였다.

"돈이 벌리지 않는 일을 해보세요. 뭐든지 상관없어요."

사실 운이 나쁠 때는 일을 벌이지 않는 것이 좋다. 무엇을 해도 운이 따라주지 않기 때문이다. 하지만 T의 경우는 달랐다. 작은 일이라도 사부작사부작 시작해야 감정에 매몰되지 않을 수 있었다.

T는 고개를 끄덕이며 수긍했다. 그리고는 천천히 홀로서기를 위한 준비를 시작했다.

결과물이 따르지는 않되 몸을 움직이는 일. 처음에는 취미로 슈가크래프트 자격증을 취득하는 데 몰두했다. 본격적으로 디저트 사업을 하게 된다면 언젠가는 반드시 필요한 기술이었다.

그렇게 몇 개월 후. T는 강남 도산대로 앞 목 좋은 곳에 고급 디저트 매장을 오픈했다. 고급 부티크 콘셉트로 객단가를 높인 덕분에 월 매출만 1억 원에 달했다. 그리고 현재 2호점, 3호점 오픈을 준비하며 차차 사업을 확장하고 있다. T는 마음이 칠흑과도 같았던 이전과는 달리 한결 편안해졌다고 이야기했다.

"이젠 저를 발목 잡고 있던 감정에서 자유로워졌어요. 뭘 해도 성공할 것 같달까요. 같이 일했던 호텔 동료들도, 아이싱 나이프도 더는 두렵지 않아요."

지독한 모래 속에 가둬져 있던 우울이라는 감정. 이 기분이라는 것이 사람을 지배하기 시작하면 운이 올라가든 꺾이든 간에 무얼 해도 풀리지 않는다. 돈마저도 비켜간다. 부정적인 기운에는 좋은 운이 발붙일 틈이 없기 때문이다.

＊

한동안 SNS에 '우울은 수용성'이라는 말이 떠돌았던 적이 있다. 샤워를 하는 순간 기분이 좋아지는 것이 바로 우울이 씻겨나가는 증거라고 말이다.

하지만 정말 그럴까. 복잡한 내면의 감정이 간단히 물로 지워질 수 있을까. 실제로 정신건강의학과 교수들의 연구에 따르면 우울감 개선에 과학적으로 효과가 입증된 것은 운동과 산책뿐이라고 한다.

　나는 T를 지켜보며 한 가지 확신할 수 있었다. 인간의 우울이란 모름지기 '폐용성'에 가깝다는 사실을. 우울이라는 감정은 파면 팔수록 빨려들고, 파지 않으면 않을수록 퇴화한다. 그리고 이같은 감정에서 벗어나면 꺾였던 운도 다시금 상승한다. 감정의 모래 속에 매몰되지 않고 이를 역으로 뒤집는 것이다.

　결국 감정을 컨트롤할 줄 아는 사람만이 운명의 오름세를 타고 돈마저도 주도할 수 있다. 우울감에 한번 빠지면 몸을 움직이기가 쉽지 않다. 하지만 무기력하게 누워만 있으면 아무것도 변하지 않는다. 그러니 우울한 감정에 잠식당하기 전에 하루라도 빨리 무언가를 시작해 어두운 감정에서 탈출해야 한다.

　잘나가던 호텔 셰프는 이제 지난 동료들의 시선이 두렵지 않다. 도망치듯 빠져나왔던 호텔도, 단절된 커리어도 후회되지 않는다. 스스로를 지독하게 옭아매던 감정에서 벗어났다는 사실 하나만으로도 그는 이미 크나큰 부자가 되었기 때문이다. 그렇게 최대의 행복이 최대의 불행을 넘어 찾아오고 있었다.

마지막 내담자

    저택이 즐비한 북한산 자락 아래로 어느덧 겨울이 성큼 다가왔다. 이른 새벽부터 몸을 일으켜 옥수玉水를 갈아 올렸다. 정갈하게 마음을 다듬는 일과가 떠오르는 아침 태양과 시작되고 있었다.

    세월의 연륜과 위엄이 배어 나오는 커다란 철문을 열자, 고풍스러운 벽돌담 안으로 울창한 나무와 계곡물이 드러났다. 어제만 해도 간신히 달려 있던 솔방울 하나가 어느샌가 바닥으로 떨어져 있었다. 바람이나 다람쥐가 밀어낸 것이 틀림없었다.

    '결국 무언가가 가지 끝을 밀어낸 것이겠지.'

    보이지 않는 힘에 의해 돌아가는 자연 현상은 언제 봐도 신비롭기만 하다. 운이 생성되고 소멸하는 일 또한 크게 다르지 않았다.

    한편으로 아이러니했다. 인기와 명성처럼 눈에 보이는 물질세계에서 거하게 노닐던 사람이, 이제 부와 운명을 관장하는 정신 세계에서 운을 읽는다는 것 자체가. 그러나 이 또한 나의 필연적 선택이었다. 그리고 그날도 굽이굽이 평창동 고갯길을 오르는 한 인생과 조심스럽게 마주할 수 있었다.

＊

"선생님, 사는 게 의미가 없어요."

노부인은 전직 디자이너로 이름만 대면 다 아는 유명한 중견 연예인의 언니라고 자신을 소개했다. 한눈에 봐도 기품이 넘쳤다.

70대 중반의 나이에도 정갈하게 올린 백발이 멋스러워, 할머니보다 귀부인이라는 호칭이 더 어울리는 사람이었다. 두께감 있게 흐르는 부드러운 실크 소재 에르메스 스카프와 고급스러운 핸드메이드 오버사이즈 숄만 봐도 심상치 않은 재력가임을 짐작하고도 남았다.

노부인이 조심스레 입을 열었다. 들려주는 이야기가 사뭇 흥미로웠다.

남편과는 수년 전 사별했다. 자녀들은 미국에 살고 있어 해마다 왕래하고, 친구들과 가끔 골프를 치는 것이 인생의 전부였다. 돈도 평생 쓸 만큼 벌었다. 재물에 대한 큰 욕심도 없고, 모든 것이 순조로웠다. 그저 죽기 전에 바라는 것이 하나 있다면 수백 억대 재산을 별 탈 없이 손주들에게 물려주는 일 정도? 그런데 소박한 바람은 그것밖에 없는데 삶이 너무나도 재미없다고 했다.

고상하다 못해 고독하게 느껴지는 노부인이 조심스레 입을 열었다.

"실은… 저 할 게 없어요. 이해 못 하실 수도 있어요. 외롭다거나 불행한 것이 아니라 삶에 크게 감흥이 없단 소리예요. 다 살아봤고, 다 가져봤고, 다 누려봤어요. 파라다이스라고 소문 난 전 세계 여행지는 모두 가봤죠. 이제 어딜 가나 똑같아요. 제 인생에 자극을 줄 수 있는 건 아무것도 없어요. 기쁨이나 슬픔도 잘 느끼지 못해요. 말 그대로 숨만 쉬고 있을 뿐이에요. 딱히 하고 싶은 것이 없다는 말은, 살아갈 이유가 없다는 뜻이기도 하죠."

첫째 딸은 미국에서 로스쿨을 졸업한 재원으로 교포 출신 사업가를 만나 다복한 가정을 꾸리고 있었다. 둘째 딸 역시 국내대학을 졸업한 후 세계 3대 패션스쿨 중 하나인 파슨스를 거쳐 글로벌 디자이너로 닻을 올리고 있었다.

여동생도 행복했다. 수십 년의 연기 내공을 자랑하며 전성기 못지않은 사랑을 받고 있었던 것이다. 노부인과는 어려서부터 둘도 없는 자매 사이로 여전히 사이가 돈독했다. 자녀들도 여동생도 다들 성공한 삶, 그 자체였다.

그러나 노부인은 그네들이 살아갈 인생이라며 자신에게는 무의미하다고 못을 박았다.

"행복하지 않으시다뇨. 재산이 이렇게나 많으신데요?" 갸웃하지 않을 수 없었다.

"한창때는 돈이 많으면 얼마나 좋을까 생각했죠. 패션디자이너로 일하던 시절엔 더 했어요. 무조건 돈과 성공만 좇느라 정신없이 바빴거든요. 패션디자이너로 데뷔하자마자 3년 만에 첫 브랜드를 론칭하고 꿈의 무대인 미국에 진출할 수 있었어요. 옷을 찾는 셀럽들이 늘어날수록 오트쿠튀르 주문이 늘었고 어렵지 않게 거액을 벌어들였죠. 어딜 가든 무얼 먹든 돈에 구애받지 않았어요. 그렇게 지금까지 40년을 살아왔답니다. 그런데 막상 큰돈을 벌어 부자가 되고 보니 남은 인생 뭘 해야 하나 싶은 생각밖에 안 들어요. 명품백을 들고 외제차를 타도 그것이 주는 행복은 잠깐이라는 사실을 알게 됐죠. 길어봤자 보름이었어요."

노부인의 텅 빈 동공을 보며 확신할 수 있었다.

'자극의 최대치를 찍어봐서 그렇구나.'

한 달 벌어 먹고사는 직장인들의 고민과는 크게 상충되는 지점이 존재했다. 아이러니했다. 보통은 '어떻게 하면 돈을 벌 수 있을까', '언제쯤 집을 마련할 수 있을까' 같은 현실적인 고민에 머물러 있는 반면에, 이 노부인은 '이번 생은 행복했다 할 수 있을까', '어떻게 해야 잘 살았다고 할 수 있을까' 같은 정신적인 가치에 집중해 있었던 것이다.

궁금해졌다. '돈으로 할 수 있는 것들이 이렇게나 많은데 왜 인간의 삶은 채워지지 않는가'에 대한 근원적 물음이.

운의 세계로 진입하기 이전과 이후에 각계각층의 사람을 만났다. 화려한 스타들과 부자들만을 상대하다 보니 나의 조준점도 자연히 높은 곳을 향해 맞춰졌다. 마치 그것이 인생을 완성하는 열쇠이자, 실질적인 행복인 것처럼 착각했던 것이다. 하지만 실제로 억대 몸값을 자랑하는 스타들의 삶은 눈으로 보는 것과 전혀 다른 경우가 많았다.

정상을 찍는 순간부터는 내려가는 길만 존재했다. 모 개그맨이 밤낮없이 활동에 매달리다 톱을 찍는 순간부터 눈물을 보이며 자취를 감춘 것은 '더는 오를 곳이 없다'는 절망감 때문이었다. 만족이란 것을 모르고 정상을 넘다 지쳐 나가떨어지는 사람이 있는가 하면, 정상을 향해 오르다 목표 지점에 도달한 순간 생의 의지를 놓아버리는 사람이 있다.

극단과 극단은 언제나 통하는 법. 행복하지 않은 것은 어느 쪽이든 매한가지였다.

잠시 허공에 머물러 있던 노부인의 시선이 창밖으로 보이는 소나무에 고정되었다. 그런데 그 순간, 내담자가 건넨 이야기가 놀라왔다.

"선생님, 그럴 때가 좋은 거예요. 뭔가 하고 싶은 게 있고, 갖고 싶은 게 있을 때 말이에요. 내 수중에 100만 원밖에 없는데 300만 원짜리 물건을 사고 싶어요. 그렇게 원하는 것이 생기는 마음, 돈을 모아야 한다는 목표. 그게 바로 '살아가는 힘' 아닐까요. 저는 그런 마음도 없는 거예요, 이젠⋯."

그러고 보니 바라는 것이 없는 부자와 바라는 것이 있는 부자에는 차이가 있었다. 전자는 어지간한 오감의 자극을 모두 경험한 상태라 그다음이란 인생의 스텝이 존재하지 않았다. 반면 후자는 누리고 싶은 것이 있어서 더 나은 삶을 향한 끝없는 열망이 피어올랐다.

이처럼 현실성 있는 삶을 추구하는 부자가 결과적으로는 말년에도 행복했다. 어느 정도 생의 의지를 다질 수 있는 여지를 남겨놓았을 때, 정신적·물질적 풍요를 동시에 얻을 수 있었던 것이다. 그들은 여전히 확고한 목표를 가지고 있었고, 이를 이루기 위해 매 순간 전력으로 질주했다. 디테일한 목표 액수든, 못다 이룬 꿈이든 말이다.

노부인은 30분 동안 나에게 어떤 조언도 구하지 않았다. 그저 무엇으로도 채워지지 않는 삶의 허기짐을 토로한 채 홀연히 자리를 떠났을 뿐이다. 돈에 대한 교훈을 거꾸로 나에게 알려준 처음이자 마지막 내담자였다.

　대단한 재산이 없더라도 확실한 작은 꿈 하나가 낫다. 통제 불
가능한 손 밖의 돈보다 통제 가능한 손안의 돈이 더 값지다. 노부
인이 알려준 교훈은 나에게 무엇으로도 환산할 수 없는 자산이
었다.

　부와 운명의 비밀을 알아버린 지금, 우리는 어떤 부자가 되길
바라야 할까. 삶을 바라보는 시각이 예전과는 크게 달라졌음을
알 수 있었다.

운명의 여신이
머무는 곳

하나를 해결하면 하나가 나타난다. 인생을 둘러싼 고민이란, 도돌이표가 달린 악보처럼 끝을 알 수가 없다. 나는 운을 읽게 된 후로 이 같은 상황을 여러 번 조우할 수 있었다. 그러다 특이점을 한 가지 발견했다. 실제로 자신이 어쩌지 못하는 문제에 대한 불안감을 사람들이 많이 끌어안고 살아간다는 사실이었다.

'내일 상사가 일을 주면 어떡하지?'라는 고민으로 잠 못 드는 사람은 잘 없다. 대개는 '이 회사를 계속 다녀도 괜찮을까?', '1년 뒤에는 뭐 해 먹고 살지?' 같은 당장 손에 잡히지 않는 문제들로 불안해하는 경우가 대다수다.

운이라고 크게 다르지 않았다. 어제 남자친구랑 싸웠는데 화해하는 방법을 물어오는 사람은 없다. '이 사람과 결혼해도 괜찮을까, '행복하게 잘 살 수 있을까'처럼 보이지 않는 미래를 궁금해하는 사람들이 더 많았다. 돈도 얼마를 어떻게 벌어들일지 같은 지극히 현실적이거나 구체적인 문제보다는 자신이 해결할 수 없는 부분에 초점이 맞춰져 있었다.

＊

'불안'이라는 나라에 부자를 꿈꾸는 평범한 사람이 있었다. 그에게는 막대한 돈이 생기면 어디다 재산을 모을지가 영원한 인생의 난제이자 숙제였다. 그래서 세금을 회피하기 위해 가장 먼저한 일은 스위스 은행에 비밀계좌를 개설하는 일이었다. 하지만 막상 계좌를 만들자 또 다른 고민이 생겼다. 통장에 집어넣을 많은 돈을 어떻게 모을지가 고민으로 자리한 것이다. 그는 이제 닥치는 대로 재테크를 시작했다. 먹고 입고 쓰는 데 돈을 아끼며 평생을 근검절약했다.

그렇게 우여곡절 끝에 가까스로 10억을 모았다. 스위스에 돈을 보낼 시점이었다. 하지만 이게 끝이 아니었다. 자신처럼 부자를 꿈꾸는 사람들이 이미 몇 년 전부터 그곳으로 돈을 보내고 있었던 것이다. 역외탈세를 우려한 나머지 국가 차원에서 소명 요청과 금융 간섭이 시작되었다. 또 다른 변수가 생긴 것이다. 이제 그는 어떻게 하면 10억을 스위스로 보낼 수 있을지가 화두로 떠올랐다. 그런데 그전에 죽음이 코앞에 찾아와 있었다. 돈을 모으느라 몸이 망가지고 있는 사실을 간과한 채 10억에만 전전긍긍하며 살아온 것이다. 눈에 보이는 선명한 현실보다 보이지 않는 희뿌연 미래에 급급한 나머지, 불안과 고민으로 인생 궤도를 이탈해버린 셈이었다.

불안이라는 것이 이렇다. 따라서 부자를 꿈꾸고 있다면 막연하게 10억만 외치지 말고, 이루고 싶은 액수를 세분화해 현실성을 주는 것이 중요하다. 비현실적인 부자가 아니라 현실적인 부자를 꿈꾼다면 말이다.

운이라는 것은 분명히 있고, 시기라는 것도 존재한다. 다만 어쨌든 일반인의 눈에는 잡히지 않는다. 따라서 보이지 않는 운에 대해 불안해하지 말고 스스로 운을 만들어나가는 것이 중요하다.

"좋은 콘텐츠 감사합니다. 앞으로 자주 뵙도록 해요."

대추나무로 만든 우드슬랩 상판 위로 축하라도 하듯 경쾌한 휴대폰 메시지 알림이 울렸다. 프로그램을 의뢰했던 제작진으로부터 도착한 정산 메일이었다.

얼마 전, 생각지도 않은 돈이 입금되었다. 1이라는 숫자 뒤에 따라붙은 0을 세어보니 총 8개. 1억이었다. 한때 나오는 전혀 다른 세계의 사람이라고 치부했던 그들과 동일한 액수를 벌어들이고 있다니. 눈을 의심하지 않을 수 없었다.

작년 이맘때. 나는 방송국을 나온 후로 한 번도 방송을 접지 않았다. 독립한 후로 몇 개월간 눈코 뜰 새 없이 영상 제작에만 몰두했다. 그렇게 일에 파묻혀 돈이 들고나는지도 깨닫지 못했다.

그사이 어엿하게 이름 석 자를 내건 영상 프로덕션을 설립했다. 운의 세계에 몸을 담고 있으면서도 꿈이었던 일을 게을리하지 않았던 것이다. 총괄 프로듀서CP가 되어 좋은 콘텐츠를 발행하겠다는 취지로 밤낮없이 성공과 실패를 감행했다.

하나부터 열까지 쉬운 것이 없었다. 거금을 들여 제작한 웹드라마가 빛을 발하기도 전에 무산되는 바람에 거액을 손해 보기도 했다. 실패를 재기의 발판으로 삼아 제작한 예능 프로그램으로 마이너스 지출을 메꾸는 호재도 있었다. 수익이 늘어날 때마다 하나둘 직원들을 채용하며 규모를 늘렸고, 점차 TV 방송에서 모바일이나 유튜브 콘텐츠, 바이럴 영상으로 등 사업 규모를 확장하기 시작했다.

그렇게 지금, 나에게로 온 행운을 똑똑히 보고 있다. 첫 달 50만 원에 불과했던 수입이 200배로 늘어난 극적인 변화를 마주한 것이다. 주어진 운을 현실성 있게 굴리고 다듬어 골든티켓으로 맞바꾸는 타이밍이기도 했다. 불현듯 나는 어디선가 보았던 운명의 여신에 관한 오랜 이야기를 하나 떠올리지 않을 수 없었다.

그리스 로마 신화에는 '포르투나Fortuna'라는 운명의 여신이 등장한다. 그녀는 운명의 수레바퀴를 관장하며 키를 가지고 사람들을 조종하는데, 흔히 인생의 시작과 끝이 정해져 있다는 해석으로 풀이되는 것이 지배적이다. 바퀴에 매달린 사람들은 변덕스러운 운명에 의해 신세가 바뀌는 이들, 혹은 황금기와 암흑기를 포함한 인간의 일대기를 묘사한 경우가 많다.

한 손에는 운명을 조종하기 위한 키를 들고 있으며, 도망치기 쉬운 행운을 상징하는 날개가 난 구두를 신고, 채워지지 않는 행복을 상징하는 밑 빠진 항아리를 가지고 있다.

그런데 여기서 주목할 것은 그녀가 동그란 구체球體를 타고 있다는 점이다. 이것은 아직 정해지지 않은 불완전한 운명을 상징하는 장치다. 신으로 추앙받던 존재조차 함부로 인간의 운명을 가늠할 수 없으며, 얼마든지 스스로 운명을 바꿀 수 있다는 이야기로도 풀이될 수 있다.

깨달았다. 운명이란 것이 정해져 있지 않다면 몸으로 직접 깨쳐야 한다는 사실을. 미래의 운명이 어디로 어떻게 흘러갈지는 아무도 모른다. 그저 바람처럼 스쳐 지나갈 뿐 결국은 살아봐야지만 알 수 있다.

이제 묻고 싶다. 나는 운이 있는 사람인가, 운이 없는 사람인

가. 아니, 질문을 달리 해본다. 나는 운을 기다리는 사람인가, 운을 만들어가는 사람인가.

운의 세계에 진입한 이후로 많은 것이 바뀌었다. 이제 자신의 운도 어느 정도 짐작할 수 있고, 대부분의 운명이 평범하다는 사실도 안다.

그리고 지금 이 순간. 가시밭처럼 힘겨웠던 찰나는 희미해졌다. 잊혔던 지난 과거의 모든 세월이 꿈결 같은 세계로 내 앞에 도착해 있기 때문이다. 조그마한 우연이 아니었다. 마치 오래전에 약속이나 한 것처럼 나를 향해 손짓하고 있었다.

이제는 돈에 대한 어떠한 불안과 걱정도 느껴지지 않는다. 그 시간에 앞으로 한 발, 아니 반 발이라도 나아가는 진실된 오늘만이 있을 뿐이다. 결국 인생의 수레바퀴를 돌리는 것은 나였다. 그리고 돈을 끌어당기는 운명의 여신은 언제나 내 안에 있다.

사람의 운명은
이렇게도
바꿀 수 있다

직업, 연애, 결혼, 금전, 재물, 성공, 출세, 수명…. 사람의 운명은 과연 어디까지 정해져 있을까. 혹자는 모든 것이 정해져 있다고 이야기한다. 하지만 반은 맞고 반은 틀리다. 꽃을 담으면 꽃병이 되고 꿀을 담으면 꿀병이 된다는 말처럼, 자신의 틀 안에 무엇을 담느냐에 따라 운명이 달라질 수 있기 때문이다.

그런데 여기 매일같이 인생을 다듬어 운명을 바꿨다는 사람들이 있다. 그들은 무려 1,000시간을 들여 꾸준히 자신의 운명을 손보았다. 방법은 실로 간단하다.

아침에 일어나면 가장 먼저 그날 할 일에 대해 생각한다. 예측 가능한 일을 생각해두면 준비되지 않은 상황에서 일어나는 위험과 실수를 통제할 수 있다. 사전에 계획을 세우고 움직이는 것이 운명을 바꾸는 첫 시작이다. 예를 들어 거래처에 미팅을 나갔을 때 똑같은 운을 맞더라도 마음의 준비를 하면 좋은 인상을 주기 위해 노력할 수 있고, 철저한 자세로

임기응변을 발휘한다고도 볼 수 있으니 더 좋은 결과를 얻을 수 있다.

자기 전에는 그날 있었던 하루의 일을 반성한다. 이는 내일을 다스리기 위해 자신의 운명을 업그레이드하는 과정이다. 잘한 것이 있다면 칭찬하고 부족한 것이 있다면 격려한다. 어떤 부분에서 견디지 못했는지, 어떤 부분에서 부침이 있었는지 말이다. 이렇게 매일매일 운명을 바꾸기 위해 조금씩 노력한다면 마음의 권리도 함께 추구할 수 있다. 준비되지 않은 사람은 아무리 좋은 운명을 가져도 성공할 수 없는 것과 같은 이치다.

운의 심리학

2023년 1월 13일 초판 1쇄 발행

지은이 유민지
펴낸이 박시형, 최세현

책임편집 윤정원 **디자인** 임동렬
마케팅 권금숙, 양근모, 양봉호, 이주형 **온라인마케팅** 현나래, 신하은, 정문희
디지털콘텐츠 김명래, 최은정, 김혜정 **해외기획** 우정민, 배혜림
경영지원 홍성택, 이진영, 김현우, 강신우
펴낸곳 (주)쌤앤파커스 **출판신고** 2006년 9월 25일 제406-2006-000210호
주소 서울시 마포구 월드컵북로 396 누리꿈스퀘어 비즈니스타워 18층
전화 02-6712-9800 **팩스** 02-6712-9810 **이메일** info@smpk.kr

ⓒ 유민지 (저작권자와 맺은 특약에 따라 검인을 생략합니다)
ISBN 979-11-6534-670-6 (03320)

쌤앤파커스(Sam&Parkers)는 독자 여러분의 책에 관한 아이디어와 원고 투고를 설레는 마음으로 기다리고 있습니다. 책으로 엮기를 원하는 아이디어가 있으신 분은 이메일 book@smpk.kr로 간단한 개요와 취지, 연락처 등을 보내주세요. 머뭇거리지 말고 문을 두드리세요. 길이 열립니다.